IPO

Initial
Public
Offering

を本気で目指す企業のための

労務管理

葉山憲夫 HAYAMA NORIO

幻冬舎 MC

ＩＰＯを本気で目指す企業のための

労務管理

はじめに

社会的信用度を向上させたい、市場から資金調達し事業を拡大させたい、知名度を上げてより良い人材を獲得したい……。

ＩＰＯを目指す理由は経営者によってさまざまです。しかし、ＩＰＯを実現するためには、主幹事証券会社や証券取引所の厳しい審査基準を満たさなければならないため、実際にＩＰＯを達成できる企業は年間１００社程度しかありません。

上場審査の基準には、利益額や時価総額、株主数などの項目から定められる形式要件と、どんな事業をどんな組織体制で運営しているか、企業の状況を具体的に把握し判断するための実質審査基準があります。日本の上場審査に関しては、１９９０年代までは定量的な側面が強い形式要件がかなり重要視されていました。

しかし２０００年代に入り過酷な勤務体制やハラスメントなどに対する問題意識が全

国的に広まったことで、コンプライアンスに対する世間の注目度が高まりました。これらの動きを踏まえ、上場審査でも勤怠管理や36協定違反の状況、安全衛生に係る取り組み具合などの定性的な側面を確認する「実質審査基準」が厳しくなってきたのです。

私はこれまで20年以上にわたり、社会保険労務士として労務管理をサポートしながら、19社のＩＰＯの成功を見届けてきました。また、社外監査役として2社、社外取締役として1社のＩＰＯを経験しています。この実績をもつ社労士は全国を見てもそう多くありません。

ＩＰＯ実現への道筋は各社で異なり、解決すべき課題もさまざまです。そのなかで多くの企業のＩＰＯ実現を支援してきた私の経験からいえるのは、労務管理が上場審査通過における重要課題の一つとなっている、ということです。実際に、審査や審査に至る過程で労務管理の問題点が指摘され、結果的にＩＰＯの中止または延期を余儀なくされたケースも存在します。

また、すでに退社した社員から未払いの残業代請求を受けたことをきっかけに多額の未払賃金債務が発覚するなど、労務管理上のわずかな不備が大きな問題に発展してしまい、せっかく業績が絶好調で形式要件を満たしていても上場審査で足をすくわれる結果を招いてしまうことも十分に考えられます。上場審査を通過するためには、どんな小さな労務課題も洗い出し、一つずつ解消していくことがとても重要なのです。

本書では上場審査で求められる労務管理のポイントについて詳細に解説しています。人並み外れた努力を重ねてきた経営者の皆さんが、労務管理のノウハウを身につけ、スムーズなＩＰＯを実現する一助となれば、著者としてこれ以上の喜びはありません。

目次

第2章

あなたの会社は大丈夫？ ＩＰＯで求められる労務管理とは

第3章

IPO最大の難関！　労働時間の管理

第4章

IPOを目指す企業のほとんどが直面する未払賃金問題

第6章

労務のコンプライアンスは〝足かせ〟ではなく企業成長の〝武器〟
管理体制の改善がＩＰＯを最短距離で成功させる

第1章

IPO目前でまさかのつまずき！
労務管理が原因で
上場中止や延期になる企業

ＩＰＯを目指す企業を待ち受ける上場審査という高いハードル

現在、日本に存在する企業数は約３６７万４０００社です（「令和３年経済センサス活動調査速報集計結果」総務省・経済産業省）。それに対して上場企業は、３９０９社しかありません（金融庁　ＥＤＩＮＥＴ）。

つまり、企業数全体のわずか０・１％、１０００社に１社しか存在しない「超エリート企業」といえるのです。ＩＰＯを目指して本書を手に取られた経営者の皆さんは、この狭き門を突破しなければなりません。

上場申請が承認されるためには、株式市場を管理している証券取引所による厳しい上場審査があるわけですが、その前に監査法人のショートレビューや、ＩＰＯの株式関係の実務を担当する主幹事証券の審査を受けなければなりません。いわば、数々の予選審査をくぐり抜けて初めて、本審査に進むことができるのです。

上場企業は、不特定多数の投資家に投資を募るという意味で、パブリックカンパニーと呼ばれます。投資家を保護し、証券市場を健全に発展させるために、投資を受けるとにふさわしい会社かどうか、その中身を詳細にチェックされ、公的に審査されます。そのため、上場審査に合格するハードルは非常に高いのです。

毎年数十件の上場審査落ちが発生している

ショートレビューや主幹事証券の予選審査を通過しても、証券取引所の本審査の結果、審査落ちとなってしまう企業は少なくありません。日本取引所の「ＪＰＸ自主規制法人の年次報告２０２２」によると、２０２１年では上場審査を受けた１９２社のうち、32社が審査落ちとなっています。

上場審査において、チェックされる項目は決まっており、その項目が基準を満たしていないと審査には落ちてしまいます。例えば、企業の経営管理上の問題としては、経営者による不適切な取引がないか、会計や開示の不適正な運用がないか、内部統制・ガバナンス体制の不備がないか、業績目標が達成されているかなどです。

審査項目について、これまでは株主数や流通株式に関するもの、時価総額や利益の額などの形式要件が重視される傾向にありました。しかし、近年では企業の経営管理上の問題など実質審査基準が重視される傾向にあります。例えば東証の場合、実質審査基準で審査される項目としては、企業の継続性及び収益性、企業経営の健全性、企業のコーポレート・ガバナンス及び内部管理体制の有効性、企業内容等の開示の適正性、その他公益または投資者保護の観点から東証が必要と認める事項があります。なかでも近年特に重要視されているのがコンプライアンスです。２０００年代以降、食品偽装問題や粉飾決算、リコール隠し、ハラスメントなどが大きく報道され、企業のコンプライアンス強化が世間から注目されるようになりました。それにより法令だけでなく、社会規範やモラルまでを含めた広義の意味でのコンプライアンスを遵守しているかどうかが上場審査でも厳しくチェックされるようになったのです。コンプライアンスを遵守できていなければ、いくら時価総額や利益が良くても上場審査に合格することはできないのです。

労務問題がＩＰＯのつまずき石となる

私はこれまで社労士として数多くの経営者からの依頼を受け、人事や労務に関するさまざまなアドバイスやコンサルティングサービスを提供してきました。およそ20年の間に、労務顧問として関わってきた企業のなかからＩＰＯを実現させたのは19社にも上ります。また労務顧問ではないものの、３社においては上場を果たす際に社外監査役・社外取締役という立場で関わり、準備からＩＰＯに至るプロセスを見てきました。

ＩＰＯ実現に向けて関わっている間は、労務問題をつまずきの石として頓挫してしまうことがあってはいけないという職責上のプレッシャーから、胃がキリキリする日々が続くものですが、幸いにも私が関わった企業では、労務のコンプライアンスが原因で、ＩＰＯできなかった企業はありません。

しかし監査法人や証券会社からは、労務のコンプライアンスが原因で、せっかく進めていたＩＰＯが途中で頓挫してしまうケースが少なくないことをしばしば耳にします。

ではどのような労務問題が会社で起き、IPOに失敗してしまうのか、3つのケースを基に見ていきます。

ケース1 労働基準監督署の臨検で不正が発覚し、上場延期に

A社は分譲マンションの開発、販売をしている不動産会社です。主幹事証券の審査も通って、いよいよ証券取引所への上場申請を出そうというまさにそのタイミングで、労働基準監督署（以下：労基署）の臨検が入りました。

臨検とは正式には臨検監督といい、労基署が事業場の現状を把握して法令違反などがないかをチェックするために実施するものです。臨検をいつ、どの企業に対して行うのかは労基署が任意に定めています。臨検は事前通告がある場合もありますが、多くの場合は抜き打ちで行われます。法律で定められた調査なので、企業はこれを拒否することはできません。

臨検は事業場（工場、事務所、店舗など）単位で実施されます。A社の場合、名古屋に本社がありましたが、横浜にある営業所に臨検が入りました。ちなみに、営業所や支店の労務管理がしっかり行われているかどうかは、ＩＰＯに向けた労務管理を確認するうえで要注意ポイントです。というのも、本社であれば、管理の目が行き届くのですが、遠く離れた営業所や支店までは、なかなか管理が行き届かないことが少なくないからです。

A社の人事部は、毎月の給与計算の際に、横浜営業所で働く社員全員の残業時間をチェックしていましたが、特に問題は見当たりませんでした。むしろ、タイムカードの記録からは残業が少なく、良好な労務管理が行われている営業所である、という印象を受けていました。ところが臨検で、タイムカードの打刻に不正が見つかったのです。実は、営業所の所長は部下の残業が多いと本社の人事部等からうるさく注意を受けるので、部下たちには「できるだけ残業をしないように」という指導を徹底してきました。しかし、部下が抱えている業務量はとても所定労働時間内で終えることのできるものではありません。そこで、その営業所では所定終業時刻の18時を超えたら30分以内を目途に、いったんタイムカードに終業の打刻をしてから、引き続き仕事をするようになっていました。営業所長はそのことを知っていましたが、特段注意等は行わず、そのような働き方をむしろ好ましいものとして受け止めていました。

臨検でA社に来た労働基準監督官は、タイムカードの記録や賃金台帳を入念に確認したのち、緊張した面持ちの営業所長に対して係長の机がどこにあるか尋ねました。多くの企業で係長や課長代理クラスが実務の主力であり労働時間がほかの社員よりも長いことを推測したうえでの質問でした。営業所長が係長の机の位置を答えると労働基準監督官は「それでは、係長のPC起動とシャットダウンの時刻ログを確認させていただきます」と言い、係長のパソコンを手慣れた様子で操作し始めたのです。係長のPC画面には直近1カ月のPCのオンオフ時間が表示されます。表示されたシャットダウンの時刻は連日23時を過ぎており、なかには深夜0時を超えた時刻の記録もあったのです。労働基準監督官はPCを操作する手を止め、普段この営業所を最後に退出するのは誰かと尋ねました。営業所長が課長代理だと答えると、続けて監督官は横浜営業所の警備を委託している警備会社へ連絡を取り、過去6カ月間の入退室時間の記録を後日提出するよう指示しました。営業所長の顔色が、みるみる青ざめていきます。

A社は、臨検の前に主幹事証券の勧めに従い、専門家による労務デューデリジェンスを行っていました。デューデリジェンスとは企業の経営状況などを詳細に調査することです。

そしてその労務デューデリジェンスでは、横浜営業所の勤怠状況については問題なしとされていたのです。本社での書類確認を中心とした労務デューデリジェンスだけでは見逃してしまっていたのか、それとも複数の社員のタイムカードの終業打刻の時刻がほぼ同じになっているのを不自然だと感じながらも、看過してしまったのかは分かりません。

いずれにしてもタイムカードの不正が見つかったのですから、労基署は指導票もしくは是正勧告を通達します。これらは、行政指導という指導であって、強制力をもつ行政処分や刑事罰ではありません。しかし証券取引所の審査においては、労基署からの指導や是正勧告は非常に重く見られます。

A社がほかの営業所でも同様の事態が生じていないか調査をしたところ、タイムカードの不正は横浜営業所だけにとどまらず、ほかでも行われていることが判明しました。

その結果、A社は上場を延期せざるを得なくなってしまったのです。

ケース2 外部ユニオンとの団交をきっかけに、巨額の未払賃金債務が発覚

B社は、医療関係の商品や機器を扱っている企業です。B社が上場を目指して主幹事証券を入れたあとで元社員Xから未払残業代の請求を受けることとなりました。IPOに向けて具体的に動き出すとなぜか、それをきっかけにして会社に対してさまざまな要求をしてくる人が出てくることがあります。企業がIPOを目指すことに対して、応援してくれる人も多いのですが、一方で、退職した社員のなかには、自分が辞めた会社がIPOをすることを快く思わない人がいることも事実です。

B社では、退職した元社員Xが所属している個人加盟労働組合（ユニオン）から団体交渉の申し入れを受けました。元社員Xは係長だったのですが、上司のスーパーバイザーとのソリが悪くて、結局喧嘩別れのような形で辞めたため、会社に対して恨みを抱

いていました。そのためもあってか、退職後にユニオンに加盟して、未払残業代の請求をしてきたのです。B社では、毎月30時間までの残業については、その残業代を月給に含める固定残業代制を適用しており、実際の残業が30時間を超えるような場合には、その超過分に対して、追加で残業手当を支給していました。しかし、ユニオンの主張は、固定残業に関するものではなく、1年単位の変形労働時間制に関するものでした。ユニオンの執行委員長は団体交渉の席上で、この労使協定は不正に締結されたもので効力はなく無効であること、またそれに伴って生じる残業時間の割増手当を支払え、とB社の役員らに迫りました。

B社は、年末年始やゴールデンウィーク、夏季の休暇を長く設ける代わりに、毎月土曜日のうちの1日を、会議などを開催するために出勤日としていました。土曜日出勤の週は、多くの場合、月曜日から土曜日までの週6日間の勤務となります。1日の所定勤務時間が8時間であれば、月曜日から金曜日までの勤務で8時間×5日間＝40時間となるので、土曜日は1週40時間を超える勤務として、通常であれば時間外労働となります。しかし、B社のように年末年始の休暇等により、年間の休日が一定以上確保されている場合には、1年単位の変形労働時間制の労使協定を締結すれば、たとえ1週6日の所定勤務をさせても、時間外手当の支払義務が免除されます。

当初、B社側は団交で、執行委員長の主張していることがよく分かりませんでした。というのも、B社ではこれまで毎年3月末までには、翌4月1日からから開始となる1年単位の変形労働時間制に関する労使協定を締結し、所轄の労基署に届け出ており、これを怠ることはなかったからです。

団交では、執行委員長が、同変形労働時間制の協定届の写しを片手に「ここに、選挙による投票で労働者代表を選出したと書かれているが、X組合員はこれまで一度も選挙に参加したことはない！」と、会社側を糾弾しました。

B社では、同労使協定の労働者代表欄には、これまで通例で人事部のスタッフが自らの名前を記載し、押印してきました。労働者代表の選出方法欄に「選挙による投票」と記載してきたのは、厚生労働省の書き方見本に、そのように記載されていたからでした。選挙はおろか、労働者代表をどのように選出するかといったことを社員間で話し合ったことは、これまで一度もありません。

同労使協定をはじめ、労働基準法で定められた手続きを行うための労働者代表の選出方法は、労働基準法施行規則第6条の2第2項により「法に規定する協定等をする者を選出することを明らかにして実施される投票、挙手等の方法による手続により選出された者であって、使用者の意向に基づき選出されたものでないこと」等の厳格な要件が定められています。そして、このような法の定めによらず選出された労働者代表が締結した労使協定は無効となります。

X元係長の残業計算の基礎となる月給は35万円で、残業単価は約2600円でした。土曜日出勤は毎月1日で、年12日間です。土曜日出勤がすべて残業扱いになると、支払わなければならない年間の残業手当は、8時間×12日×2600円＝24万9600円となります。未払賃金の時効はこの団交の当時は2年でしたので、未払賃金の合計額はこの2倍の49万9200円となりました。B社はユニオンの要求を認めざるを得ず、要求どおりの金額をX元係長に支払うことにしました。

しかし、問題はX元係長への未払賃金の支払いだけでは終わりません。同社には200人あまりの社員が在籍しており、その全員が1年単位の変形労働時間制を適用されています。これらの社員から請求をされているわけではありませんが、法的には1年単位の変形労働時間制が無効であったことにより、X元係長以外のほかの社員に対しても、時間外労働割増手当の未払賃金が生じていることになります。未払賃金債務は在籍者のみならず、すでに退職している人にも発生します。試算した結果、その総額はおよそ1億円に達する見込みであることが判明しました。つまり、多額の未払賃金債務が発覚したのです。

B社は、時間外労働・休日労働に関する労使協定（通称：36協定）も、1年単位の変形労働時間制に関する労使協定と同様、労働者代表が適法に選出されているわけではないにもかかわらず、人事部のスタッフが労働者代表として協定届に署名・押印し、労基署に提出していました。労働基準法（以下：労基法）は、適法に36協定を締結することなく、時間外労働をさせることを原則認めていません。つまり、B社はこれまで違法に時間外労働をさせてきた、ということになります。

B社は、多額の未払賃金債務の発覚と重大なコンプライアンス違反のあることから、予定していた上場申請を諦め、ＩＰＯは延期となりました。

なお、未払残業代など会社に請求できる遡及期間（時効）は、以前は過去2年まででした。しかし、２０２０年4月に民法の消滅時効がそれまでの1年から原則5年に延長されたことに伴って労基法も改定され、未払残業代などを遡及請求できる期間も3年へと延長されました。２０２０年4月1日以降に発生した未払残業代からは、2年以上の請求ができるようになっているので、注意する必要があります。

ケース3 休職者の家族が証券取引所に情報提供

C社は、インターネットを通して企業の商品やサービスの販売促進・宣伝を行うＷｅｂプロモーションを手掛けています。社長は、アメリカの有名大学でＭＢＡを取得して、海外でＷｅｂビジネスのコンサルタントをしていたというエリートだったため、非常に営業力や提案力が高く、新規の契約を次々と獲得し業績が急上昇していました。その会社自体は社員50人ほどの規模でしたが、売上は30億円を超えていました。

カリスマ性をもつこの社長を社員は皆尊敬していて、社内の雰囲気も活気に溢れており、創業したばかりの会社にもかかわらず、主幹事証券が入り、ＩＰＯを目指すことになったのです。

Ｃ社の所定労働時間は、９時始業・18時終業です。Ｃ社の社長は社員の前で、残業が多いのは仕事ができないということだと常に口にしていました。社長の方針に従い、多くの社員が18時～19時までに退社します。全員の月の残業時間はほぼ10時間未満です。

しかし急成長を遂げる会社にあって、実際にはそのような働き方では、業務が処理しきれないのが現実でした。会社を退社すると社員の多くは会社の近くのカフェにノートパソコンを持ち込んで仕事をしており、それでも業務の処理が追い付かず自宅に帰ってからも仕事を続けている人も少なくありませんでした。

また、Ｃ社では、月曜日の午前中に企画会議を行っていました。会議では、それぞれの社員が自らまとめた企画をプレゼンし、白熱した論議が繰り広げられます。そのプレゼンの資料や企画書をまとめるためには、通常１日から２日を費やします。そのため社員は休日である土日を、企画会議の準備に費やすこととなります。Ｃ社では業務用パソコンの自宅への持ち帰りを推奨しており、これらの作業は自宅で行われることになります。

社長ももちろんこうした労務の実態を知っていましたが、社員が自分自身を成長させるためには人並み以上の自己研鑽が不可欠という考えでした。それでもトラブル等が生じなかったのは、ほとんどの社員が社長を尊敬していたり、急成長している会社に参加でき、自分自身も成長できる喜びを感じていたりといった心理的にプラスに働く面があったからです。

しかし、全員が全員そういう人ばかりではありません。

ある日、入社2年目のYさんが体調不良を理由に欠勤しました。Yさんは入社以来、平日は自宅に戻ったあとも深夜まで仕事を続けたり、土日も企画会議の資料作り等に没頭したりして、ほとんど休息が取れていませんでした。このような過重な労働に加えて、業務をこなさなければならないというプレッシャーを抱えた状態で、Yさんはある日、企画会議の資料作りでミスをしてしまいます。会議の席上、大勢がいる前で上司から厳しい叱責を受けたYさんはショックを受け、それをきっかけに精神に破綻をきたしてしまいました。

欠勤が1週間に及んだとき、Yさんから会社に医師の診断書が提出されます。診断書には、「うつ病により当分の間、静養、加療を要す」と記載されていたのです。C社は就業規則の定めに基づき、Yさんに3カ月間の休職を命じました。ところがYさんの病状は回復せず、休職期間満了により、YさんはC社を退職することとなってしまいます。

Yさんの退職の1年後、C社が上場を申請、証券取引所がこれを認めたという記事が新聞に掲載されました。この記事を目にしたYさんの父親から、証券取引所に連絡が入ったのです。

「娘が1年前までC社に勤めていたが、過労と会議の場でのハラスメントによりうつ病になり、休職期間満了という理由で、会社を辞めさせられた。今も病気は治らず、塞ぎ込んで一日中部屋に引きこもっている。手首には自傷行為の痕もある。社員をこんな状態に追い込んで、さっさと辞めさせてしまうようなひどい会社を上場させていいのか」

Yさんの父親は抗議し、現在C社に対して訴訟の準備をしていることも伝えました。

通常、会社を退社したあとや休日に行う自宅での業務は、使用者の指揮監督下に置かれて行うものではないことから、原則労働時間とはみなされません。しかし、例外として抱えている業務の状況により、自宅での労働を余儀なくされているとみなされる場合若しくは明示または黙示的な命令が認められた場合には、自宅での業務の時間も労働時間である、として扱われるケースが出てきます。父親は、まずは労基署への労災申請により、娘が自宅で行っていた、平日の夜や土日の業務の時間は労働時間であること、うつ病の発症は労災であることを明らかにする、と主張したのです。

証券取引所からの連絡を受けて、C社は今後の対応を協議しました。また、過去にメンタルの疾患により休職し、退職した社員がYさんのほかにもいること、そして、同じくメンタルの疾患により、現在休職中の社員がいることも確認しました。

C社は「内部管理体制に関連して確認すべき事項が発覚し、その確認に時間を要することから、ＩＰＯを延期します」とのコメントを発表しました。

（※なお、このケース1～ケース3はフィクションです）

どんな会社でも、労務関連のトラブルは起こり得る

3つのケースのようなことは、IPOを目指すどんな会社にも起こり得るものであり、決して特殊なケースではありません。上場審査において「このくらいならいいだろう」という甘えは危険です。労務管理が徹底されていなければ、IPOの延期や中止という事態を招きかねないのです。そのため、IPOを目指すうえでのポイントとなるのは、どのようにしてIPOを阻む労務問題の発生を未然に防げばいいのか、ということなのです。

第 2 章

あなたの会社は大丈夫？
IPOで求められる労務管理とは

労務でつまずく理由1

経営者のコンプライアンス意識が低い

残念ながら、中小企業の経営者のなかには労務コンプライアンス意識の低い人が少なからずいます。ほかも守っていないのだから、うちの会社だけ労基法をきっちり守っていては他社との競争に勝てない、などと言う人もいるほどです。

トップがそういう考え方をしていれば、社内全体に労務コンプライアンス軽視の風潮が蔓延してしまいます。企業にとっては事業を成長させ、他社との競争に勝つことは、たいへん重要です。そのためには、多少の労基法違反には目をつぶろうという意識でもよいとする考え方もあるかもしれません。

しかし、ＩＰＯをして上場企業になることを考えるのであれば、コンプライアンス意識は、段違いに重要になります。上場企業になることとは、不特定多数の投資家から受けた出資金を用いて、事業活動により社会に価値を生み出し、パブリックカンパニーとして認められるということです。上場審査において、また上場後の企業経営において、コンプライアンスが最重要事項の一つであることは、間違いありません。

ＩＰＯを目指す経営者であって、もし労務のコンプライアンスを軽視しているのなら、早急に意識改革が必要です。

労務でつまずく理由２

経営者自身が必死で働いてきたことを成功体験としてもっている

ＩＰＯとは業績が好調で将来にわたって高い成長ポテンシャルをもつ企業が、株式市場で資金調達することにより事業成長を加速させたり、一段上の企業規模への飛躍を目指したりするための手段です。つまりＩＰＯを目指しているという時点で、普通の中小企業とは異なるスピードや規模感での事業成長をすでに実現しているケースが多いはずです。この並外れた事業成長力は、普通の働き方をしていては、なかなか実現できるものではありません。

そのような成長ポテンシャルの高い企業の経営者に共通するのは、とにかく自分自身がこれまで必死に働いてきたということと、現時点でもそうであるということです。少なくとも私が見てきたＩＰＯを目指す企業の経営者で自分はワークライフバランスを重視して、残業はしませんなどという人は１人もいませんでした。

そして、そのような企業では、創業後のシード期と呼ばれる時期に、経営者だけではなく、数少ないメンバー全員が同じようなノリで働いていたりします。それも無理やり強制されるのではなく、自発的に楽しみながらそうしているのです。まるで、学園祭の前日、仲間と一緒に学校に泊まり込んで徹夜で準備をするような、ワクワクする気持ちで仕事に取り組んでいるのです。スタートアップ企業では、創業者グループが、皆、主体的に仕事に取り組み、何日も会社に泊まり込むこともいとわないからこそ成功したというケースが多いです。そのような企業に勤怠管理や残業代といった労務管理の考え方がなじまないのも無理はありません。

ただし、そんなスタートアップ企業が一定の段階まで成長し、多くの社員を雇うようになったら、それからは、きちんと労働法令を遵守し、コンプライアンスを意識した経営管理、労務管理が必要となります。

ところが、この成長ステージに応じた思考の切り替えができない経営者が多いです。自分が必死に働いて会社を大きくしてきた、それがとても楽しく充実していた、という経験を成功体験としてもっている経営者は、どうしても長時間労働に対してもこれくらい働くのは当然だという労務のコンプライアンスを軽視する感覚になりやすいようです。

労務でつまずく理由3

組織規模と統制のバランスが取れない

経営者の思考や感覚はなかなか変わらないとしても、その経営者に代わって別の管理者がコンプライアンスを重視した内部統制を行うことはできます。

社員数が20～30人程度の規模までなら、経営者は会社のすべてを把握することができます。そのため、労務上の問題が起きているときも、すぐに気づいて対処することが可能です。つまり社長の属人的な管理で、内部統制が可能だということです。

しかしそれを超えた会社規模になったら、役割分担を前提にした組織的な内部統制のやり方に切り替えていかなければなりません。経営者が属人的に管理していたやり方とは、まったく異なる組織運営方法や統制方法を実施するということです。その切り替えがうまくできないと、労務問題発生の可能性が高まります。そして、そのような組織的管理、組織的内部統制を実施するためには、優秀な管理人材が不可欠です。

しかし、非上場の中小企業が、優秀な管理人材をそろえることは難しいことから、内部統制体制の切り替えがうまくいかないことが多く見られます。

労務でつまずく理由4

労務トラブルで禍根を残している

経営者が社員のことを考えて労務に気を使い法令を遵守していても、すべての社員が100％満足していることは、まずありません。同じ状態であってもそれをどう受け止めてどう感じるのかは人それぞれ違いがあるためです。例えば自分で判断して自由に仕事を進めていいと言われたときに、それを、自主性を認めてもらえてうれしいと感じる人もいれば、細かい指示を出さないのは無責任だと感じる人もいます。

このようにすべての人を納得させる労務施策は困難なため、ある程度の社員数がいれば必ず何らかの労務トラブルは発生するのが常です。大切なのはそのトラブルにどのように対応するかです。

そしてIPOを前提に考えるのであれば、トラブルの禍根を残さないということが、非常に重要になります。

ＩＰＯに際しては、証券取引所が行う書類審査や質問・ヒアリング、実査（実地調査）において、労務の問題が顕在化することがありますが、それと並んで外部通報者による証券取引所への情報提供も、問題顕在化の契機となることが多いようです。

上場審査が開始されると、証券取引所のホームページに情報受付窓口が設けられ、新規上場申請者の上場適格性についての情報提供が呼びかけられます。その会社に不正や法令違反がないかを、会社内部の関係者も含めて広く情報を求めるのです。

すると特に労務関係については元社員、元役員などからの情報提供が入ることがあるようです。会社に恨みをもっている元社員や元役員、あるいは元取引先などが、あの会社はこんなにひどい労務管理を行っている、こんな会社を上場させるのかといったことを情報提供してくる可能性があるのです。有り体にいえば通報です。

過去に社員をクビにしたことがある、パワハラやセクハラなどのトラブルが起きたことがある、社内でいじめがあった、喧嘩別れした役員がいるといったようなことがあれば、高い確率で情報提供は行われます。元社員との訴訟などが生じている場合も同様です。なかには恨みからウソの密告をする者もいます。これは調べればウソだということ

［図表1］増え続ける情報提供数

	上場審査	上場審査開始後に提供された情報件数
2019年度	214	88
2020年度	193	105
2021年度	192	121

出典：日本取引所自主規制法人の公表資料を基に著者作成

が分かるので、ウソの情報で上場審査落ちするということはないと思いますが、情報提供が行われれば証券取引所は必ずそのことは確認してきますので、対応する必要は生じます。

情報提供があったからといって必ずしも審査落ちするわけではありませんが、その情報が事実であり、かつ上場審査基準に触れるものであれば審査落ちにつながりかねません。

ＩＰＯを成功させれば、会社は成長の基盤が得られ、また経営者個人は多額の資産を得ることのできる可能性が高まります。しかし、それに対して時には妬みの感情をもつ人間も少なくなく、ＩＰＯの審査になれば、どんな会社でもまずネガティブな情報提供がなされると思ったほうがよいくらいです。特に労務トラブルによる禍根が残っていればなおさらです。

では、上場に際しての通報につながるような禍根を残さないためにはどうすればいいかというと、日頃から法令を遵守した正しい労務管理を行うことはいうまでもないのですが、そのうえでもしトラブルになった際には、社員の言い分に真摯に耳を傾け、十分にその意を尊重し、不満を残さない対応が大切です。会社がある程度折れる、あるいは負ける面をつくっておくことも時には必要になります。仮に、法令上は会社のほうに利があるトラブルだとしても、社員の主張をある程度は汲んで対応するということです。労務トラブルは「やんわり負けて実を取る」という考えが大切なように思います。仮にその時点では会社に多少の損害が生じるとしても、禍根を残さないという意味でＩＰＯを目指すのであれば長い目で見て得となる対応をしたほうがよいと私は思います。

労務でつまずく理由5

労務管理の徹底的な実践ができない

適切な労務管理をなかなか実践できない会社も、しばしば見られます。社長が労務管理の改革を総務部長などにまかせたものの、総務部長の主導による労務改革が浸透しないケースです。

例えば外勤が多い営業会社などではどうしても勤怠管理がルーズになり、タイムカードがあってもそもそも社員が打刻をしない、打刻漏れというのはよくあります。そういう会社に必要なのは、経営トップの社長、あるいは役員レベルの人たちが、徹底的にやり切る覚悟をもって、労務改革に取り組む姿勢を社員に見せることです。これは、理屈ではなくて、毎日の実践においてしか定着しません。

ある会社では、ルーズな社員がタイムカードを押さないで退社してしまうことがよくありましたが、そのたびに気づいた取締役が、退社後の社員を、わざわざ駅まで追いかけていって、会社まで連れ戻し、打刻させていました。そのような取り組みを数カ月続けたところ打刻漏れがゼロになったのです。労務管理は、最後は理屈ではなくて行動です。IPOをすると決めた以上、必要な労務管理は徹底的に実践する必要があるのです。

IPOまでの大まかな流れ

実際にIPOをしようと決意すると取り組むべきことはたくさんあります。IPOが実現するまでの各段階において、労務においてやるべきことや求められることが異なります。

IPO申請をする年度を上場申請期、そこから数えて1期前を直前期（または基準期）、2期前を直前前期と呼びます。この約3年間が、具体的にIPOに向けてさまざまな手続きをしなければならない時期です。なお、上場申請期をN期、直前期をN－1

期、直前前期をN－2期と呼ぶこともあります。上場審査に際しては、監査法人による監査証明が、少なくとも2期分は必要なので、その直前前期と直前期の2期が、狭義での上場準備期間とされますが、実際の上場準備はそれより前から行われます。

▼（1）初期段階（3期以上前）－IPOを目指す意思決定をし、情報収集を始める

IPOは、経営者がそれを目指そうと決意するところからスタートします。しかし、経営者だけが決意してもIPOは実現できず、全社一丸となった取り組みが必要です。IPOの意思を社内に伝えて、社員全員で目標を共有しなければなりません。

また、通常は社長直属のIPOチームをつくり、IPOに向けて何が必要なのかの情報収集を開始して、直前前期に入るまでの準備をします。CFO（Chief Financial Officer：最高財務責任者）など、実務を担える人材も不可欠であり、そういった人材が社内にいなければ、外部から招聘しなければなりません。

最初は具体的に何をしていけばいいのかよく分からないことが多いので、メインバンク、VC（ベンチャーキャピタル）、証券会社、監査法人、またIPOに詳しいコンサ

ルタント会社などに相談して、助言・指導を受けるケースが多いです。また逆に証券会社やコンサルタント会社などからの提案によって、ＩＰＯを目指すことを考えるという場合もあります。

▼（２）監査法人を決め、予備調査（ショートレビュー）を受ける

初期段階では、現状を把握するために監査法人による予備調査（ショートレビュー）を行います。一般的にＩＰＯを目指す初期の段階では、業績も内部統制も上場審査に通るような状況ではありません。そこで直前前期の前に行う、現状がどうなっているのか、また社内のどこをどう整備していけばいいかを確認するための調査がショートレビューです。ショートレビューを受けるためには、その前に監査法人を選定しておかなければなりません。

また主幹事証券についても、この段階で候補を選定してアドバイスを受けることが一般的ですが、直前前期に選定するケースもあります。

▼（3）遅くとも、直前前期になったら、労務管理体制の改善に着手する

一般的には直前前期の期初に、監査法人による調査を受け、監査を受ける社内体制を整えていきます。もちろん、労務体制の整備も含まれます。上場申請には2期分、監査法人から適正意見（内部統制が適正であるという評価）を受けなければなりません。直前前期の期末に、1回目の監査を受けます。監査では、前年に受けたショートレビューで指摘された内容が、きちんと改善されているかがチェックされます。

なお労務管理についていえば、これまでは直前前期の終わりまでに、未払賃金の調査、勤怠管理、労使の契約状況などについて、専門家が労務デューデリジェンスなどの形でレビューして、報告書を会社や主幹事証券に提示することが多いようです。

▼（4）直前期には、労務管理の問題を解消し、正しい労務管理を定着させる

主幹事証券とのアドバイザリー契約は、直前前期～直前期に締結することが多いです。契約締結後、主幹事証券から引き続きさまざまな助言・指導があるため、主幹事証券によっては中間審査のような形での審査が行われることもあります（証券会社により

異なります）。また、直前期の期末には、監査法人による2回目の監査も実施されます。

労務管理については、正しい労務体制を社内に定着させていく期間となります。例えば未払賃金があったり、労務に関する係争などがあったりすれば、この期間に精算・解消しておきます。また、1分単位での正確な勤怠管理、ハラスメント防止、長時間残業時間の防止、法定文書の整備、36協定遵守などの定着を図ります。

また、この期間に上場申請書類である上場申請のための有価証券報告書のⅠの部およびⅡの部と呼ばれる書類のほか、申請に必要な書類を作成します。

▼（5）引受審査、上場申請

上場申請の直前（上場する月によって直前期の後半、あるいは上場期）には、主幹事証券が引受審査を行います。引受審査とは、証券取引所の審査の前に、上場審査基準に合致しているかどうかを主幹事証券会社が審査する予備審査のようなものです。引受審査をパスしたら、いよいよ証券取引所への上場申請を行います。

上場申請後、「上場申請のための有価証券報告書（Ⅰの部、Ⅱの部）」などの内容に基づいて、証券取引所が企業に対して、質問状を提出し、それに対する回答のヒアリングを行います。この質問・ヒアリングは、通常3回セットで実施され、あわせて実査と呼ばれる会社、営業所、店舗、工場などに対する実地調査が行われます。さらに、その後、社長や役員に対する各種面談、社長に対する説明会などが開催され、すべて問題なしとなれば、晴れて上場承認となります。

上場審査には形式要件と実質審査基準とがある

証券取引所の上場には、まず形式要件を満たしていることが必要であり、そのうえで実質審査基準を満たしているかどうかの上場審査が行われます。

形式要件とは、①株主数、②流通株式、③公募の実施、④事業継続年数、⑤虚偽記載又は不適正意見等、⑥登録上場会社等監査人による監査、⑦株式事務代行機関の設置、⑧単元株式数、⑨株券等の種類、⑩株式の譲渡制限、⑪指定振替機関における取

［図表２］実質審査基準の概要

項目	内容
(1) 企業の継続性及び収益性	企業内容、リスク情報等の開示を適切に行うことができる状況にあること。
(2) 企業経営の健全性	事業を公正かつ忠実に遂行していること。
(3) 企業のコーポレート・ガバナンス及び内部管理体制の有効性	コーポレート・ガバナンス及び内部管理体制が、企業の規模や成熟度等に応じて整備され、適切に機能していること。
(4) 企業内容等の開示の適正性	相応に合理的な事業計画を策定しており、当該事業計画を遂行するために必要な事業基盤を整備していること又は整備する合理的な見込みのあること。
(5) その他公益又は投資者保護の観点から東証が必要と認める事項	—

出典：日本取引所グループ「上場審査基準（上場審査の内容）」

扱いの11項目が定められた要件を満たしているかどうか、書類上でチェックするものです。

この形式要件を満たしていれば、次に実質審査基準による上場審査が行われます。実質審査基準は、上場会社として必要とされる5つの適格要件で構成されています。

また、各々の適格要件に適合するか否かを判断する具体的な観点は、「上場審査等に関するガイドライン（東京証券取引所）」で定められています。

ただ、「上場審査等に関するガイドライン（東京証券取引所）」は抽象的な観点が記されており、それだけを読んでも労務管理において具体的になにがどうチェックされるのかは、よく分かりません。もう少し詳しい情報は、「上場申請のための有価証券報告書（Ⅱの部）」に記載されています。

「新規上場申請のための有価証券報告書（Ⅱの部）」が労務管理審査の基準となる

上場申請の審査のために、会社が作成・提出しなければならない書類は多数ありますが、要となるのが、上場申請のための有価証券報告書の、Ⅰの部、Ⅱの部と通称される2点です。

このうちⅠの部は、上場後の有価証券報告書のベースとなるものです。つまり、Ⅰの部の構成内容は、財務諸表を中心としたもので、上場企業の有価証券報告書におおむね沿ったものとなります。

一方、Ⅱの部は、先に見た実質審査基準に関連するすべての事項を、詳細に書き記した書類です。わが社は、こんな事業を、こんな組織管理体制で運営していますという企業の状況を、詳細に報告するための書類なのでボリュームも多くなります。

Ⅱの部の記載要項は日本取引所のWebサイトからダウンロードできますが、記載要項だけで40ページ以上あります。そのとおりにすべての項目を記載してⅡの部を作成すると、通常A4用紙で150～200ページ程度のボリュームとなるのです。

Ⅱの部から分かる労務管理審査の重点ポイント

Ⅱの部は上場審査の基本書類となるため、上場審査をパスするための労務管理に関しては、Ⅱの部に記載すべき内容を確認すれば、最低限必要とされるポイントが分かります。

労務管理に関する事項は、主にⅡの部の「Ⅳ．経営管理体制等について」「Ⅹ．従業員の状況について」に記載されています。幅広い労務管理のなかでも、上場審査において特に重点的にチェックされるのが、以下の各項目です。カコミ内は、記載要項の内容の抜粋です。そのあとに記しているのが、あくまでも私の見解となりますが、回答に関する参考情報です。また、a～hのアルファベットは記載要項で振られている記号です。

▼(1)a．勤怠の管理方法及び未申告の時間外労働（いわゆるサービス残業）の発生防止

勤怠の管理方法（労働時間の記録、管理職による承認、人事担当部署による管理の方法を含みます。）及び未申告の時間外労働の発生を防止するための取組みについて記載してください。

勤怠管理は、私の経験上では、ＩＰＯを申請する企業のほとんどで、近時は1分単位での管理を行っており、1日の労働時間を5分、15分単位で丸めて、切り捨てるやり方

は、ほぼ見られません。
また、「未申告の時間外労働の発生を防止するための取組み」とは、強制的あるいは自主的なサービス残業を防止するための具体的な措置が考えられます。タイムカード等では、打刻したあとでも残業などをすることが可能で、不正確な場合もあるため、パソコンの起動時刻・終了時刻を自動的に記録するログ管理ソフトの導入などが推奨されているようです。

▼（2）b．時間外及び休日労働に係る労使協定の内容

時間外及び休日労働に係る労使協定を締結している場合には、その内容（36協定に特別条項が設定されている場合には、その内容を含みます。）について記載してください。

36協定には、通常、1日、1カ月、年間の時間外労働の限度時間を定めます。時間外労働の限度時間は、それが少ないほうが好ましいのでは、という考えもありますが、一

方で、労務の実態にかかわらず、限度時間を短く設定してしまうと、急な業務の繁忙に対処するため、36協定で設定した限度時間を超えて残業させてしまうことになれば、即、労基法違反となってしまいます。36協定の時間外労働の限度時間の設定等は、現状に則した、無理のない内容であることが求められます。

▼(3) c．みなし労働時間制

みなし労働時間制を採用している場合には、適用範囲、適用範囲ごとの適用者数、当該範囲の決定理由、みなし労働時間の決定理由、適用者の労働時間管理方法及びみなし労働時間制に係る労使協定の締結状況を記載してください。

労基法においては、①事業場外のみなし労働、②専門業務型裁量労働、③企画業務型裁量労働の、3タイプのみなし労働時間制を認めています。

例えば①なら、主に事業場外で仕事をする業務（例えば、自宅から顧客先に直行・直帰することが多い営業など）を担当する者で、労働時間の把握が難しい場合には、原則としては、実際の労働時間にかかわらず所定労働時間の労働をしていると「みなす」制度です。

このようなみなし労働時間制を採用している場合は、適用状況、必要な労使協定の締結状況、制度の詳細や導入理由などを説明する必要があるということです。なお、経験上、ＩＰＯをする企業でみなし労働時間を採用している企業は少ないです。

▼（4）d．平均時間外労働時間の推移

最近1年間及び申請事業年度における事業セグメント・職種ごとの各月の平均時間外労働時間の推移を記載してください（管理監督者〈管理職〉を含みます。また、季節変動性がある場合には、その理由も記載してください。）

管理監督者（管理職）についても２０１９年の労働安全衛生法（以下：安衛法）の改

正により、健康管理のために出勤・退勤時刻等を把握する義務が課せられました。また、管理監督者には、時間外労働割増手当の支払義務や36協定の適用はないものの、時間外・休日労働が月80時間を超えた場合には、そのことを本人に通知し、疲労の蓄積が認められる場合には、その申し出に応じ、医師の面談を受けさせなければなりません。

▼(5) e. 36協定違反の状況

最近1年間及び申請事業年度において36協定（特別条項を締結している場合には当該条項の内容）に違反している社員が存在する場合、違反事由別に事業年度及びセグメント・職種ごとの延べの違反人数、発生原因を記載してください。

最近のＩＰＯ企業の労務管理を見渡しますと、36協定の違反は少なくなっているように思います。ＩＰＯ前の企業では、社員の時間外労働の状況、特別条項の適用回数等について、取締役会、あるいは経営会議への報告事項としているケースがほとんどであるからかもしれません。なお、協定違反がないことがベストですが、もし発生してしまっていても、事実を正直に記載します。

▼(6)f．長時間労働の防止

長時間労働の防止のための取り組みについて記載してください。eで違反事象を記載した場合は、その原因分析を踏まえた再発防止策にも言及してください。

長時間労働の防止のための取り組みは、労基署の臨検で、月45時間以上の時間外労働が認められた場合には、必ず指導される事項です。作業効率の向上に向けた取り組みや人員の増強、時間外労働の状況の週次チェック、あるいは管理者をはじめとする関係者の長時間労働防止に向けた啓蒙活動等に取り組むことが多いように思います。

▼(7)g．賃金未払いの発生状況

最近1年間及び申請事業年度における社員に対する賃金未払いの発生状況（発生時期、期間、件数、金額）及びそのあとの顛末について記載してください。

「最近1年間及び申請事業年度」においては、すでに過去の未払賃金の精算を終え、適切な労働時間管理が行われているケースがほとんどだと思われますので、その場合、未払賃金は発生しないはずですが、仮に当該期間内に、新たに未払賃金が発生した場合は、速やかに精算し、そして再発することのないよう労働時間管理等を行う必要があると思います。

▼(8) h. 管理監督者

部署ごとに、企業集団各社で定義（認識）している管理監督者（管理職）の数と、労基法で定めるところの管理監督者の数を一覧にして記載してください。なお、差異が発生している場合にはその理由も記載してください。

法令上の管理監督者については、労基法第41条第2項「監督若しくは管理の地位にある者又は機密の事務を取り扱う者」で規定されています。しかしこの規定にはあいまいな部分があり、たびたび裁判でも争われています。

いずれにしても、社内で部長、課長あるいはマネージャーといった役職が与えられることが、必ずしも、労基法上の管理監督者となるわけではありません。

上場審査に臨むにあたっては、労基法上の管理監督者については限定的に考えておくほうがよいかもしれません。

▼（9）最近2年間及び申請事業年度における労働災害の発生状況及び安全衛生に係る取組み

企業集団における最近2年間及び申請事業年度における労働災害の発生状況（発生日、内容等）及びその後の顛末について記載してください。また、安全衛生に係る取組み（労働災害の発生防止に係る取組み、各種委員会の開催、産業医の設置等）について記載してください。

最近は、サービス業等の第三次産業においても、労働災害の発生防止に対する取り組みに注力している企業が多くなってきています。転倒、転落、腰痛といった行動災害や過重労働、メンタルヘルスによる健康障害等の防止等が、（安全）衛生委員会で審議されることが多いです。

▼（10）最近3年間及び申請事業年度における労基署からの調査の状況

最近3年間及び申請事業年度における企業集団の労基署からの調査の状況（調査日、調査内容、指導及び是正勧告の有無並びにその内容等）について記載してください。（企業集団のうち記載が困難な会社がある場合には、その理由を示し、記載を省略することができます。）

申請事業年度から過去3年の間に、労基署の是正勧告等を受けると、上場審査へのマイナスの影響が懸念されます。この間は、たとえ、労基署の監督官が突然臨検に訪れたとしても、まったく是正勧告を受けることのない、隙のない労務管理を整えておくことが強く望まれます。

IPOにおける労務管理の主なチェック項目

ここでIPOを目指す会社の労務管理において重要と思われる項目を網羅したチェックリストを掲載しておきます。このリストは私が実際に労務デューデリジェンスなどの際に、企業の担当者に渡して用いているものです。

[図表3] チェックリスト

種類	IPOにおける労務管理の主なチェック項目
採用	募集広告や採用選考は適正ですか？
	応募者の個人情報は適法に管理していますか？
	採用時の法的義務（労働条件明示、健康診断、安全衛生教育）は履行していますか？
労働時間	所定労働時間は適法に定められていますか？
	変形労働時間制を適用している場合、それは適法要件を満たしていますか？
	労働時間の把握を適切に行っていますか？
	入社時刻と始業時刻、終業時刻と退社時刻の乖離はありますか？ ある場合、その乖離は合理的な説明のつくものですか？
	休暇は法定通り付与していますか？
	事業場外のみなし労働時間制を適用している場合、それは適法ですか？
	裁量労働時間制を適用する場合、それは適法ですか？
	フレックス勤務制を採用している場合、それは適法ですか？
	時間外労働の把握は適切になされていますか？　残業申請・承認制の場合、把握している勤怠データとの間で、合理的な説明ができない事態が生じていませんか？
休暇	振替休日、代休の事務処理は適法に行われていますか？
管理監督者	管理監督者の取扱いは、妥当性があるものですか？
36協定	36協定は適法に手続きが行われ、遵守されていますか？
安全衛生	長時間労働者に対する安衛法上の義務は果たしていますか？
休暇	年次有給休暇は適法に付与されていますか？
賃金	割増賃金は適法に計算され、支給されていますか？
	固定残業制を採用している場合、それは適法なものですか？
	管理監督者に対して、深夜早朝割増手当は支払われていますか？
	育休者や有給取得者に対する賞与の取扱いは適法に行われていますか？
法定書類	労使協定の労働者代表は、適切に選出されていますか？
	就業規則や労使協定は適法に周知されていますか？
	賃金台帳に法所定の事項が網羅されていますか？
	労働者名簿に法所定の事項が網羅されていますか？

著者作成

角を矯《た》めて牛を殺すな、必要なのは最適なバランスとタイミング

ＩＰＯを目指せるような急成長企業は、スタートアップの初期段階では特に創業者をはじめとするスタートメンバー同士の密度が濃く、かつ長時間働くことが当たり前となっていることが少なくありません。

組織が小さく、事業基盤がまだ強固ではないうちから、あまりにもがちがちに、一分の隙もない労務管理体制をつくろうとすると、会社の勢いをそいでしまうことがあります。上場審査において、労務管理は重要なポイントではありますが、労務管理だけが重要なのではありません。肝心の事業成長性がなければ、つまり売上をはじめ業績の成長予測が立たなければ、ＩＰＯは望むべくもありません。

その点において、昨今、上場審査における労務管理を過大に重視する情報も見られます。根拠のない過剰防衛的な労務管理体制構築を是とする見解を耳にすることもあります。もちろん、それをすることでほかに影響が出ないのであれば、それも構わないと思

います。

しかしあまりにも過剰防衛的な対応を取ってしまったばかりに、肝心の事業の伸びが鈍ってしまったことでＩＰＯできなかったという事例も実際に見てきました。

また、ＩＰＯを目指した労務管理は取り組むタイミングも重要で、早くから取り組めばいいというものでもありません。角を矯めて牛を殺すという、少しの欠点を直そうとして全体がダメになることを諫めることわざにもあるように、ＩＰＯを目指す労務管理においても、そのようなことにならないよう、労務施策の適切なバランスを考えることがＩＰＯを実現させるためには重要なのです。

第3章

IPO最大の難関！
労働時間の管理

労働時間を適切に把握するのは難しい

労務管理においては、労働時間の適切な管理が求められるのですが、実は、これを行うのは非常に難しいです。最近では、多くの会社で労働時間管理をタイムカード等の勤怠システムを利用して行っていますが、これだけでは、正確な労働時間の把握はできません。なぜなら、タイムカード等で出社、退社時刻を記録することはできますが、始業、終業時刻を正確に記録することはできないからです。社員は通常、会社に出社してタイムカード等を打刻したのちに始業し、終業したのちにタイムカード等を打刻し、そのあと退社します。すると、出社時刻と始業時刻との間、並びに終業時刻と退社時刻との間に必然的にずれが生じます。このような時間のずれは、1、2分～10分程度の短い場合もあれば、終業後に同僚と話し込んでいたりすれば、場合によっては、1時間を超すこともあります。

労働時間を巡る過去の裁判でも、このことはかなり以前から指摘されています。

「タイムカードの記載は、職員の出勤・退勤時刻を明らかにするもので、その時刻が、職員の就労の始期・終期と完全に一致するものではない」。

しかし、「パート職員の給与はタイムカードの記載によって計算」されていることなどから、「タイムカードに記載された出勤・退勤時刻をもって実労働時間を認定すべきである」（千里山生活協同組合事件、大阪地裁判決、1999年5月31日）。

「一般に、タイムカードの記載は、社員の出社・退社時刻を明らかにするものであって、出社・退社時刻は就労の始期・終期とは一致しない」。

しかし、「タイムカードの記録により社員の労働時間を把握していた」のであるから、「タイムカードに記録された出社時刻から退社時刻までの時間をもって実労働時間と推定すべきである」（三晃印刷事件、東京地裁判決、1997年3月13日）。

司法の判断としては、タイムカードの記録が始業・終業時刻とは一致しない場合でも、社員等の勤怠管理をタイムカードを使って行っており、ほかに労働時間を証明する記録が見当たらない場合は、タイムカードの記録に基づいて実労働時間を認定もしくは推定していくべきという立場が採られています。

労働基準法上、始業・終業時刻の把握義務を定めた条文はない

このように、タイムカードによる労働時間の正確な把握はたいへん難しいのですが、労基法には労働時間の把握をタイムカード等によって行うべし、というような定めはありません。それどころか、始業・終業時刻の把握について、それを直接的に義務づける定めもありません。

ただ、労基法の第108条には「使用者は、各事業場ごとに賃金台帳を調製し、賃金計算の基礎となる事項及び賃金の額その他厚生労働省令で定める事項を賃金支払の都度遅滞なく記入しなければならない」との定めがあります。

また同条文中の厚生労働省令で定める事項のなかには、労働基準法施行規則第54条により労働時間数、延長時間数（※残業時間数という意味です）、休日労働時間数及び深夜労働時間数も定められています。

つまり、労働時間を把握しなければ、賃金台帳に労働時間数を記入できませんし、残業時間数等を把握しなければ延長時間数、休日労働時間数及び深夜労働時間数は記入できません。よって、賃金台帳の調製義務を履行するために、間接的に始業・終業時刻の把握を要請されている、ということになるのです。

労働時間把握の〝責務〟が課せられたのは、2001年4月6日から

企業において、タイムカード等による労働時間の把握が広がったのは、厚生労働省が、2001年4月6日付で「労働時間の適正な把握のために管理者が講ずべき措置に関する基準」と題する通達を発したことがきっかけです。この通達の前には、出勤したら「出」、欠勤は「欠」という印を押し、残業代の計算は別に作成する残業記録簿等で行う、出勤簿方式も珍しくはありませんでした。

厚生労働省は前掲の基準のなかで「労働基準法においては、労働時間、休日、深夜業務等について規定を設けていることから、使用者は、労働時間を適正に把握するなど労

働時間を適切に管理する責務を有していることは明らかである」としています。そして「労働時間の適正な把握を行うためには、労働日ごとに始業・終業時刻を使用者が確認し、これを記録する必要がある」として、企業に原則、タイムカード、ＩＣカード等の客観的な記録を用いて始業・終業時刻を把握するよう要請しました。

通達で「労働時間を適切に管理する〝責務〟を有している」と表現しているのは、労基法では、労働時間の把握義務を直接的には定めていないため、〝義務〟という言葉を使用することが躊躇《ためら》われたためと思われます。また、このように同通達は法の根拠がないことから、労基署の臨検等で始業・終業時刻を把握していないなどの同通達違反が発覚しても、是正勧告は交付されません。法違反ではないが、改善することが望ましいと労基署が判断した場合に交付される「指導票」が企業に渡されることになります。

なお、同通達は、平成29（２０１７）年にリメイクされ、左記の内容に改正されています。

[図表4] ガイドライン

(事業主のみなさまへ)

労働時間の適正な把握のために使用者が講ずべき措置に関するガイドライン

平成29年1月20日、労働時間の適正な把握のための使用者向けの新たなガイドラインを策定しました。

ガイドラインの主なポイント

○ 使用者には労働時間を適正に把握する責務があること

[労働時間の考え方]

○ 労働時間とは使用者の指揮命令下に置かれている時間であり、使用者の明示又は黙示の指示により労働者が業務に従事する時間は労働時間に当たること

○ 例えば、参加することが業務上義務づけられている研修・教育訓練の受講や、使用者の指示により業務に必要な学習等を行っていた時間は労働時間に該当すること

[労働時間の適正な把握のために使用者が講ずべき措置]

○ 使用者は、労働者の労働日ごとの始業・終業時刻を確認し、適正に記録すること

(1) 原則的な方法

- 使用者が、自ら現認することにより確認すること
- タイムカード、ICカード、パソコンの使用時間の記録等の客観的な記録を基礎として確認し、適正に記録すること

(2) やむを得ず自己申告制で労働時間を把握する場合

① 自己申告を行う労働者や、労働時間を管理する者に対しても自己申告制の適正な運用等ガイドラインに基づく措置等について、十分な説明を行うこと

② 自己申告により把握した労働時間と、入退場記録やパソコンの使用時間等から把握した在社時間との間に著しい乖離がある場合には実態調査を実施し、所要の労働時間の補正をすること

③ 使用者は労働者が自己申告できる時間数の上限を設ける等適正な自己申告を阻害する措置を設けてはならないこと。さらに36協定の延長することができる時間数を超えて労働しているにもかかわらず、記録上これを守っているようにすることが、労働者等において慣習的に行われていないか確認すること

○ 賃金台帳の適正な調製

使用者は、労働時間ごとに、労働日数、労働時間数、休日労働時間数、時間外労働時間数、深夜労働時間数といった事項を適正に記入しなければならないこと

厚生労働省・都道府県労働局・労働基準監督署

出典：厚生労働省「労働時間の適正な把握のために使用者が講ずべき措置に関するガイドライン（平成29年1月20日）策定」

もっとも、労基法に関連した労働時間の把握責務とは別に、2019年、安衛法の改正により、第66条の8の3が新設され「労働者の労働時間の状況を把握しなければならない」義務が課せられることになりました。

安衛法及び労働安全衛生規則により、時間外・休日労働が月80時間を超え疲労の蓄積が認められる者で申し出た者及び研究開発業務に従事する者については、申し出に関係なく、時間外・休日労働が月100時間を超えた場合には、医師による面接指導が義務づけられるようになりました。よって労働時間の状況の把握はこうした健康確保措置の履行を確実なものとするために義務化されたのです。

厚生労働省は行政通達により、労働時間の状況把握の意味について、具体的には「労働者の労働日ごとの出退勤時刻や入退室時刻の記録等を把握しなければならない。」（基発0329第2号　2019年3月29日）ということである、と説明しています。

もっとも、この労働時間の状況の把握義務は労働者がどのような時間帯にどの程度の時間、労務を提供し得る状態にあったか企業側がきちんと管理するために行う、いわば勤務可能時間の把握です。このことから、労働時間とは峻別して健康管理時間と呼ばれることがあります。

この法改正により、出勤時刻や退勤時刻については、安衛法に基づく把握義務が生じることとなりました。一方始業時刻、終業時刻については厚生労働省のガイドラインに基づく〝責務〟として、把握を要請されるという、より複雑な労務管理が求められるようになったといえます。

国はこれまで、タイムカードの必要性を否定してきた

なお、このように厚生労働省はガイドラインにより、タイムカード等を用いて、始業・終業時刻の把握を企業に求めてきましたが、自らに対しては、これまでタイムカードの導入に否定的でした。次ページに、国のタイムカード導入及び賃金不払い残業に関する質問主意書を示します。

［図表５］質問主意書

平成十五年十一月二十六日提出
質問第一五号

国のタイムカード導入及び賃金不払い残業に関する質問主意書
提出者　長妻　昭

国のタイムカード導入及び賃金不払い残業に関する質問主意書

先のタイムカード導入状況を質した質問の答弁書（第百五十六回国会答弁第一二二号）で国の機関において、タイムカードによる勤務時間管理が行われている部署はない、導入予定もないとされた。そこでお尋ねする。
一　厚生労働省は企業等に対して、タイムカード導入等、労働時間の適正な把握を求めている。しかし、自らはタイムカードを導入していない。これでは示しがつかないのではないか。どう考えるか。
二　厚生労働省は、一室に一台タイムレコーダ機はあるものの、部屋の入出管理のみに使われ、職員の勤務管理に使われていないと聞いている。せっかく機械があるにもかかわらず、なぜタイムカード管理にしないのか、その理由をお示し願いたい。
タイムカード管理導入の際のメリットとデメリットを詳細にお教え願いたい。
三　国の機関全てにおいて、タイムレコーダ機は何台導入され購入金額は総額いくらか。それらは、どのような使われ方をしているか。
四　タイムカード管理に移行した場合、給与計算などの人件費をはじめ大幅なコスト減が見込まれる。国の機関全てにタイムカード管理が導入された場合、年間いくらぐらいの経費減が見込まれるか試算をしてお答え頂きたい。
五　厚生労働省では、ある部署は、出勤時に前日の出勤時間、退庁時間を記入するが、ある部署では、朝、出勤簿に印を押すだけで退庁時間の記入はしていない。後者の部署ではどのように残業時間を正確に掌握しているのか。
また、出退勤管理が同じ省でもまちまちなのは問題があると考えるが、是正されるか。
厚生労働省は、企業に対して賃金不払い残業を無くすことを指導している。これと矛盾していないか。
六　国の機関で残業時間を把握していない部署があるとすれば、その部署全てを理由とともにお示し願いたい。またその部署はどのように残業代金を支払っているのか。
また、残業代金を全額支払っていない部署があるとすれば、その部署全てを理由とともにお示し願いたい。
七　過去、残業代金が全額支給されていなかった職員が存在するとすれば、その職員の所属部署名と理由をお示し願いたい。今後の改善策をお示し願いたい。

右質問する。

出典：衆議院「質問本文情報」を基に著者作成

少々古いのですが、図表6が、タイムカードによる労働時間管理の考えについての質問（図表5）に対する、国の回答です。タイムカードによる労働時間管理の正確性を次のように明確に否定しています。

［図表６］答弁書

内閣衆質一五八第一五号
平成十六年三月二日

内閣総理大臣　小泉純一郎

衆議院議長　河野洋平　殿

衆議院議員長妻昭君提出国のタイムカード導入及び賃金不払い残業に関する質問に対し、別紙答弁書を送付する。

衆議院議員長妻昭君提出国のタイムカード導入及び賃金不払い残業に関する質問に対する答弁書

一及び二について

厚生労働省における職員の勤務時間管理については、国の機関として国家公務員法（昭和二十二年法律第百二十号）、人事院規則等に基づき勤務時間報告書等を適切に管理することにより特段の支障なく行っているところであり、また、タイムカードのみでは職員の正確な勤務時間が把握できないことから、勤務時間管理の手法としてタイムカードの導入は必要でないと考える。

このため、同省においては、庁舎管理の観点から、中央合同庁舎第五号館の地下一階に各室ごとのかぎの受渡しの際にタイムカードに時刻を打刻するタイムレコーダ機を二台設置しているが、職員の勤務時間管理のために用いてはいない。

なお、同省では、企業における労働時間の適正な把握について、「労働時間の適正な把握のために使用者が講ずべき措置に関する基準について」（平成十三年四月六日付け基発第三百三十九号厚生労働省労働基準局長通知）により、使用者が始業・終業時刻を確認し記録する原則的な方法として、タイムカード等を基礎として行う方法のほか、使用者自らが現認する方法を示しているところである。

また、お尋ねの「タイムカード管理」が何を指すのか必ずしも明らかではないが、タイムカード導入のメリット及びデメリットについては、その導入により職員の登庁及び退庁の時刻を把握することが可能になると考えられるが、一方、機械的に登庁及び退庁の時刻を記録するタイムカードのみでは職員の正確な勤務時間が把握できないと考えられ、また、導入のための費用も必要になると考えられる。

三について

平成十六年一月五日現在、国の機関においては、タイムカードに時刻を打刻するタイムレコーダ機を二台使用しており、それらの購入金額に係る総額は二十二万六千円であった。また、それらは、庁舎管理の観点から、各室ごとのかぎの受渡しの時刻を把握するために使用している。

四について

出典：衆議院「答弁本文情報」を基に著者作成

「タイムカードのみでは職員の正確な勤務時間が把握できないことから、勤務時間管理の手法としてタイムカードの導入は必要でないと考える。」

ＩＰＯを目指すうえで、労働時間把握をどのように行うのか

このように労働時間の適切な把握は難しく、また出勤・退勤時刻等の安衛法上の健康管理時間はともかく、タイムカード等を利用して、始業・終業時刻の把握を行わなければならないとする法的根拠は、はっきりしているとはいい難い面があるのですが、それでも労働時間を巡る労務トラブルを回避するためには、適切な労働時間管理を行うことがたいへん重要となります。また、ＩＰＯ労務にとって、適切な労働時間管理は不可欠である、といえます。

それでは、実際にＩＰＯを目指すうえで、どのように労働時間を把握すればよいか考えていきます。

安衛法の義務及びガイドラインの責務を全うするには、出社時刻を記録したあとに始

業時刻を記録し、終業時刻を記録したあとに退社時刻を記録することが求められます。複雑な労働時間管理となり、これを容易に実施できる企業は、あまり多くはありません。

もっとも、出社時刻と始業時刻、終業時刻と退社時刻との差がほとんど生じないのであれば、ほぼ問題はないと思います。出社時刻を始業時刻、退社時刻を終業時刻とすればよく、シンプルに、労働時間管理を行うことができます。ただし、最近は、労働時間は1分たりとも切り捨ては認められない、という論調が強くなってきていますので、出社時刻を始業時刻、退社時刻を終業時刻として取り扱う場合には、日々の労働時間は、実際の労働時間よりも若干長くなり、時間外労働割増手当が増加することになります。

問題は、出社時刻と始業時刻、終業時刻と退社時刻との間に乖離が生じてしまう場合です。実際には、このようなケースが大半のように思います。

始業時刻の把握

タイムカード等による労働時間管理において、始業前の取り扱いと終業後の取り扱いについての法的評価は、はっきりと異なります。

企業によっては、所定の始業時刻よりも前に、タイムカードに出社の打刻がされていると、その分の早出残業手当を支払わなければならなくなるので、所定の始業時刻ギリギリに出社させるようにしている、あるいは、早く会社に来てもタイムカードの打刻は所定始業時刻間際に行うように、と指導しているケースもありますが、所定始業時刻よりも前の出勤や打刻については、あまりナーバスになる必要がないように思います。

厚生労働省の労災認定における過去の裁決事例を見渡しても、次のとおり所定始業時刻前の労働時間性は否認されています。

【平成29年労第344号】

（争点：休業補償給付の支給に関する給付基礎日額の取消請求〈精神障害〉）
所定始業時刻と出勤時刻のどちらを始業時刻と判断するか
（裁決概要）
請求人はシフト表記載の始業時刻15分ないし20分前に出勤していたと推認し得るが、出勤直後から直ちに業務に従事せざるを得ない事情があった事実は確認することができない。午前9時出勤のシフトの場合、店舗の営業開始時刻は午前11時であり、開店準備を行う時間は2時間あったものと認められる。請求人は、早めに出勤し、着替えや清掃等をしていた旨主張するが、2時間の準備時間では間に合わない等、具体的な業務の必要性があったとは認められない。

【平成29年労第427号】

（争点：遺族補償給付等の支給に関する給付基礎日額の取消請求〈精神障害〉）
所定始業時刻とパソコンのログイン時刻のどちらを始業時刻と判断するか
（裁決概要）

当審査会では、当該乖離について慎重に検討するも、被災者が所定始業時刻である午前8時30分より前に出勤を命じられるか、若しくは業務の開始を余儀なくされる状況にあったとは確認できないものであり、労働を余儀なくされたために生じた時間差であるとは判断し得ないことから、平日勤務日の始業時刻は、所定始業時刻の午前8時30分とすることが妥当であると判断する。

また裁判においても、たとえタイムカードに相当程度の始業時刻前の打刻があっても、その労働時間性は否認されていることが少なくありません。

【八重椿本舗事件　裁判要旨（東京地裁2013年12月25日）】

そもそも労働基準法上の労働時間に該当するか否かは、労働者が使用者の指揮命令下に置かれたものと評価することができるか否かにより客観的に定まるものであり、使用者の指揮命令下にあるか否かについては、労働者が使用者の明示又は黙示の指示によりその業務に従事しているといえるかどうかによって判断されるべきである。

そして、終業時刻後のいわゆる居残残業と異なり、始業時刻前の出社（早出出勤）については、通勤時の交通事情等から遅刻しないように早めに出社する場合や、生活パターン等から早く起床し、自宅ではやることがないために早く出社する場合などの労働者側の事情により、特に業務上の必要性がないにもかかわらず早出出勤することも一般的にまま見られるところであることから、早出出勤については、業務上の必要性があったのかについて具体的に検討されるべきである。

（「労働判例」１０８８号より一部引用し改変）

つまり出勤時刻にかかわらず、始業時刻は原則として、所定始業時刻として取り扱うことができるということです。

ただし、処理しなければならない業務を抱えている等の理由により、所定始業時刻よりも前に出勤し、労働することを余儀なくされていたり、黙示もしくは明示的に早出残業を命じていた場合は、所定労働時間前の労働であっても、労働時間として評価されたりすることになります。また、出勤時間と始業時刻までの間が極端に長い場合は、なぜそのような乖離時間が生まれるのか、労基署の臨検や万一の労務トラブル時には、合理的な説明が求められます。

したがって実務では、社員が早出残業を余儀なくされ、早出残業を黙示的に命じられている、とみなされることのないような労務管理を徹底し、極端に早い出勤はできるだけ控えてもらうようにする、といった対応が考えられます。

終業時刻の把握

一方、終業後のタイムカードの打刻には注意が必要です。退勤の打刻時刻に対する法的評価は、その時刻近くまで労働していたことが推定されることが基本となっているからです。裁判でも「タイムカードにより退勤時刻の記録が残されており、特段の事情が認められない限り、この時刻をもって、原告は使用者の指揮命令下に置かれた状態から離脱したとみるのが自然である。そうだとすると本件タイムカードに打刻された時刻をもって、本件請求期間Aにおける原告の業務終了時刻と認めるのが相当」（イーライフ事件、東京地裁、２０１３年2月28日）とされています。

よって、退勤時刻とは別に終業時刻の記録ができる場合以外は、退勤時刻を終業時刻とみなされる懸念がありますので、終業後は、できるだけスピーディーに退勤打刻をする、という労働時間管理が求められることになってしまうものと思われます。もっとも、退勤時刻とは別に終業時刻を記録することができるのであれば、乖離時間が生じたとしても、その時間に関する合理的理由、例えば同僚とのコミュニケーション、終業後のコーヒーブレイクと記録しておけば、当該乖離時間に関する法的な懸念は解消されると思います。ただし、この場合も乖離時間の合理的説明が困難な程度にまで極端に長くならないよう、留意する必要があります。

いわゆる管理監督者の取り扱い

IPOにおける労働時間管理においては、労働時間規制の適用が除外される、労基法第41条第2号の「監督若しくは管理の地位にある者」の対象範囲をどのように取り扱うのかも重要な事柄となります。企業の立場からは、この管理監督者の対象範囲を少しでも広げたい、例えば課長や課長代理までをその対象としたい、と望むことが多いです。これらの職位の人は、実務の主力として、その企業の躍進を担っていることが多いからです。36協定により労働時間を規制されることなく、存分に働いてもらいたい、との思いからです。

一方、証券会社側は慎重に、部長以上としてほしい等の要望を出すことが多いようです。

管理監督者の適法な範囲に関する最高裁判決はいまだないため、法的にははっきりとせず、企業から、その企業の管理監督者の適法性について尋ねられても、管理監督者として法的に是認される蓋然性が高い、あるいは低い等の表現しかできない事柄となります。

政府が最初目指したのは、ホワイトカラーエグゼンプション

さて、現行の労基法は1947年4月に公布、同年中に施行されましたが、それに至

るまでには政府内で各条文についてのさまざまな案が取り上げられ議論がなされました。次が、法施行前年の法案の取りまとめのほぼギリギリの段階で審議に提出された労基法第41条（なおこの段階では、条文番号は第39条になっています）の第6次案です。

・労基法草案第六次案（1946年8月6日）

第39条（適用除外）
「労働時間、休憩、休日に関する規定は農業、林業、畜産業、水産業、海運業、興行、病院及び旅館等の事業の労働及び事業の種類に拘らず事務並びに間歇的な労働に従事する者にはこれを適用しない」

現行の「監督若しくは管理の地位にある者」ではなく、「事務」が適用除外となっています。つまり、この段階では労働時間規制から事務職を適用除外とするという、いわばホワイトカラーエグゼンプションを目指していたことになります。

「監督若しくは管理の地位にある者」とは

そのあとの審議により、労基法第41条第2号は、現在の内容「監督若しくは管理の地位にある者」となったのですが、この意味については、1946年の帝国議会提出資料「労働基準法案解説及び質疑応答」によると次のようになっています。

第96問　監督若しくは管理の地位にある者とはどんな者を意味するのか

答　監督の地位にある者とは労働者に対する関係において使用者のために労働状況を観察し労働条件の履行を確保する地位にある者、管理の地位にある者とは労働者の採用、解雇、昇級、転勤等人事管理の地位にある者を云う。

監督の地位にある者と管理の地位にある者は、明確に区分されています。このうち、監督の地位にある者については労働状況を観察、労働条件の履行を確保するとの説明がなされているものの、これを理解するのは容易ではありません。しかし、第6次案では、監督もしくは管理の地位にある者ではなく、事務に従事する者が適用除外とされていた経緯を考慮しますと、これに該当する職位は、さほど高いものではなかったように推察されます。また管理の地位については採用、解雇、昇級、転勤等人事管理の地位にあるものとしていますので、通常、これは一般企業においては、人事課長や人事部長を指すものと思われます。

管理監督者を巡る行政解釈の変遷

法施行当初、管理監督者を巡る行政解釈（昭22．9．13発基17号）が示されたのですが、その内容は、シンプルで、今よりも分かりやすかったように思います。それによれば、管理監督者とは、「出社退社等について厳格な制限を受けない者」とする、単純明快なものでした。正確には同通達により、労基法41条2項は、「監督又は管理の地位にある者とは、一般的には局長、部長、工場長等労働条件の決定、その他労務管理について経営者と一体的な立場に在る者の意であるが、名称にとらわれず出社退社等について厳格な制限を受けない者について実体的に判別すべきものであること」とされ、加えて、同項後段の「又は機密の事務を取り扱う者」は、「秘書その他職務が経営者又は監督若しくは管理の地位に在る者の活動と一体不可分であって、出社退社等についての厳格な制限を受けない者」を指す、とされました。

こうした法施行直後の行政通達の解釈について、門田信男・東洋大学教授は「『一体的な立場』、『一体不可分』ということは、出社退社等について厳格な規制を受けない者を推定させるにすぎない」のであり、労基法41条第2項の立法趣旨の本来的な意味は「『出社退社等について厳格な制限を受けない者』に焦点をおいて、これにあたる者が法41条2号に該当する者ということになる」（雑誌『労働判例』１９７４年3月15日号、№１９３、管理・監督者の労働法上の地位と権利〈Ⅱ〉）としています。

しかしながら、このような法施行当初の行政通達や立法解釈にかかわらず、そのあと、旧労働省は「労働省労働基準局編著・改訂新訂労基法」において、管理監督者の該当性について、「判断基準としては、労務管理方針の決定に参画し、或いは労務管理上の指揮権限を有し、経営者と一体的な立場の権限をもち、出社退社について厳格な制限を加え難いような地位にあること、更にはその地位に対して、何らかの特別給与が支払われていること」との、新たな見解を加えました。

法施行当初の管理監督者の解釈が「出社退社等についての厳格な制限を受けない」者か否かを着眼点にしているにもかかわらず、旧労働省が上記のような判断基準を加えたのは、同省に「管理職等の労働者化を意識的に法41条2号の該当者に加えようとする姿勢があることを否定できないであろう」（前掲：管理・監督者の労働法上の地位と権利〈Ⅱ〉）とみられています。このような同省の思惑は奏功し、上記の同省の見解や同見解に基づく通達は、多くの裁判上の判断に影響を与え、現在は、ほとんどの裁判で、管理監督者性を判断する指針として、用いられるようになるに至っています。

つまり、現状の管理監督者を巡る裁判上の判断は、本来、「出社退社等について厳格な制限を受けない者」であることを推定するために過ぎない「一体的な立場」という表現が一人歩きし、職務内容、責任と権限、果ては待遇に関することが、その判断基準とされる、という混迷に陥っているといえます。

秘書はどうなる？

労働基準法41条2号の管理監督者の要件に、このような職務内容、責任と権限、待遇を加え、そのような重要な職責・権限と待遇面の優遇措置を担保されているがゆえに、もはや労働者保護に欠けるところがない、として、労働時間規制の適用除外が認められるのである、とする考えは、条文中の自己矛盾を招くこととなります。というのも、同項で「監督若しくは管理の地位にある者又は機密の事務を取り扱う者」として、管理監督者と並列的に掲げられている「機密の事務を取り扱う者」がなぜ、労働時間規制の適用除外とされるのか、解釈が成り立たなくなるからです。「機密の事務を取り扱う者」は「秘書その他職務が経営者又は監督若しくは管理の地位に在る者の活動と一体不可分」の者とされていますが、これら秘書等は、活動が一体不可分であるだけで、通常、経営上の重要な責任や権限は有しませんし、給与等の待遇も、格別の優遇措置を講ずべき者とされているわけではありません。しかし、秘書等は「出社退社等についての厳格な制限を受けない」者であることを条件に、法41条2項が適用されることになっています。

加えて、法41条はその第1号で「農業・畜産・水産業に従事する者」、第3号で「監視又は断続的労働に従事する者で、使用者が行政官庁の許可を受けたもの」を管理監督者と同様に労働時間規制の適用除外として掲げていますが、いずれも待遇面の優遇措置が求められているわけではありません。

どの役職から管理監督者とするか

最高裁判決がなく、行政通達もその解釈が難解ななかでは、管理監督者の対象選定は難しいのですが、そんななかでも、管理監督者として認められる役職に言及した通達があります。都市銀行等以外の金融機関における管理監督者の範囲を示したものですが、この「判断基準は他の事業においても参考になるものである」（東京大学労働法研究会編、注釈労働基準法、761頁）と解されているのです。

次がその内容です。

金融機関における管理監督者の範囲について

〈略〉

2．具体的な取扱範囲の例示

金融機関における資格、職位の名称は企業によってさまざまであるが、取締役、理事等役員を兼務する者のほか、おおむね、次に掲げる職位にある者は、一般的には管理監督者の範囲に含めて差し支えないものと考えられること。

（1）出先機関を統轄する中央機構（以下「本部」という。）の組織の長については次に掲げる者。

①経営者に直属する部等の組織の長（部長等）

②相当数の出先機関を統轄するため権限分配を必要として設けられた課又はこれに準ずる組織の長（課長等）

③①～②と同格以上に位置づけられている者であって、①の者を補佐して、通常当該組織の業務を総括し、かつ、①の者が事故ある場合には、その職務の全部又は

相当部分を代行又は代決する権限を有する者（副部長、部次長等）従って、②の者の下位に属する、例えば副課長、課長補佐、課長代理等の職位は除外されるものであること。

（2）支店、事務所等出先機関における組織の長については、次に掲げる者。

④支店、事務所等出先機関の長（支店長、事務所長等）。ただし、法の適用単位と認められないような小規模出先機関の長は除外される。

⑤大規模の支店又は事務所における部、課等の組織の長で、右記①②④の者と企業内において同格以上に位置づけられている者（本店営業部又は母店等における部長、課長等）、従って、④の者を補佐する者で⑤以外の者（次長、支店長代理等）は原則として除外されるものであること。ただし④の者に直属し、下位にある役付者（支店長代理、⑤に該当しない支店課長等）を指揮監督して、通常支店等の業務を総括し、かつ、その者が事故ある場合には、その職務の全部又は相当部分を代行又は代決する権限を有する者であって、①②④と同格以上に位置づけられ

ているものは含めることができること（副支店長、支店次長等）。

右記通達を要約すると、部長及び一定以上の組織規模を有する課の課長までは、管理監督者に含めることができるが、副課長、課長補佐、課長代理はＮＧ、とまとめることができます。

なお、ＩＰＯを目指す企業の多くでは、課長を管理監督者として取り扱うか否かについて、悩むことが少なくないと思われますが、前掲の通達には、質疑応答集が添付されており、それには課長の取り扱いについて、次のように説明されています。

〔問６〕都銀では本部の課長が管理監督者の範囲の下限とされているが、都銀以外の金融機関でも、本部の課長であれば管理監督者として取扱ってよいか。

〔答〕都市銀行は、全国的な組織を有する大規模金融機関で、店舗数、労働者数も多く、これらを統括する本部機構も複雑であり、かかる本部における課制は、統括業務の権限分配を行う重要な単位組織であること、その組織の長である課長の職務内容も業務・人事面で相当大幅かつ重要な権限と責任を有すること、各都市銀行において資格、職位等の職階における評価がほぼ一定していること（支店次長と同格以上に位置づけられている。）、社会の一般常識としても、本部の課長を管理監督者とみなすことには疑義をはさむ余地はないと思われること、などの理由から、管理監督者と判定したものである。

これに対して、その他の金融機関の場合、その企業規模に極端な格差があるから、一概に本部といっても機構はさまざまである。従って本部において、出先機関の統括のために権限配分を必要として設けられた課制の長で、前述の都市銀行の場合と同様な権限と責任を有し、かつ、その地位にふさわしい処遇をうけている場合には、当然に管理監督者として取扱って差し支えない。

ただし、一般的に本部の課長や支店の次長は管理監督者として取扱うことが認められているとして、その企業の規模（店舗数、労働者数等）から見て、必要性について疑問を抱かざるを得ないような組織を形式的に設け、名目上権限分配を行うなどして、新たに課長、支店次長等の役付者を増やしても、実質上

［図表７］長時間労働と健康障害との関係

① 発症前1カ月間ないし6カ月間※1にわたって、1カ月当たりおおむね45時間を超える時間外労働※2が認められない場合は、業務と発症との関連性が弱いと評価できること
② おおむね45時間を超えて時間外労働時間が長くなるほど、業務と発症との関連性が徐々に強まると評価できること
③ 発症前1カ月間におおむね100時間又は発症前2カ月間ないし6カ月間※3にわたって、1カ月当たりおおむね80時間を超える時間外労働が認められる場合は、業務と発症との関連性が強いと評価できること

※１ 「発症前1カ月間ないし6カ月間」は、発症前1カ月間、発症前2カ月間、発症前3カ月間、発症前4カ月間、発症前5カ月間、発症前6カ月間のすべての期間をいいます。
※２ 「時間外労働」とは、1週間当たり40時間を超えて労働した時間をいいます。
※３ 「発症前2カ月間ないし6カ月間」とは、発症前2カ月間、発症前3カ月間、発症前4カ月間、発症前5カ月間、発症前6カ月間のいずれかの期間をいいます。

出典：厚生労働省「脳・心臓疾患の労災認定」を基に著者作成

管理監督者としての実態を有しない限り、認められないことは言うまでもない。

ＩＰＯにおける労務管理の実務的な対応としては、まずこの「判断基準は他の事業においても参考になるものである」とされている右記通達を一つの基準として、これに該当する役職をピックアップします。次いで、現状の裁判状況等を踏まえ、また職務内容、責任と権限、待遇等、他の行政通達や裁判等で用いられている要件への該当性も検証して、自

社としての管理監督者を決定する、といった対応が求められるように思います。

長時間労働について

ＩＰＯにおける労務管理においては、東証の上場申請書のⅡの部において長時間労働の防止についての記載が求められていることから、長時間労働による健康障害防止も重要な観点となろうかと思われます。36協定で定める上限時間を超える違法な長時間労働はあってはならないと思われますが、法違反には至らなくても、長時間労働に起因した過労死が発生していては、とてもＩＰＯどころではない、という事態が生じてしまいます。

厚生労働省は、長時間労働と健康障害との関係を図表7のようにまとめています（厚生労働省パンフレット「脳・心臓疾患の労災認定」より抜粋）。

長時間労働による健康障害防止を図る観点からは、右記に示されていることの意味、つまりなぜ1カ月45時間を超えて時間外労働時間が長くなるほど、業務と（健康障害の）発症との関連性が徐々に強まるのか、なぜ発症前1カ月間におおむね100時間または発症前2カ月間ないし6カ月間にわたって、1カ月当たりおおむね80時間を超える時間外労働が認められる場合は、業務と発症との関連性が強いことになるのか、正しく理解することも、重要なように思います。

月の残業80時間超が、過労死ラインとされるに至った経緯

現在の過労死認定基準は、2000年、その年度の脳・心臓疾患の労災認定に係る行政事件訴訟の行政側勝訴率が65％にまで凋落するなか、同年7月17日に自動車運転者に係る2つの行政事件訴訟において、最高裁判所が行政側の労災不支給処分をいずれも否定する判決を下すとともに、業務の過重性の評価にあたり従前の脳・心臓疾患の認定基準では具体的に明示していなかった長期間にわたる疲労の蓄積や就労態様に応じた諸要因を考慮する考えを示したことに端を発します。

厚生労働省は、この最高裁判決で示された過労死認定の判断要素を踏まえ、今後労災認定において、裁判に耐え得る的確な判断が行えるよう、認定基準の見直しを行うこととし、医学専門家等を参集して専門検討会を発足し、疲労の蓄積等について、主に医学面からの検討を行いました。

この専門検討会は２０００年11月から同13年11月まで、計12回開かれ、２００１年11月16日に『脳・心臓疾患の認定基準に関する専門検討会報告書（以下「報告書」という）』として、検討結果が取りまとめられています。

現在の過労死認定基準は、この専門検討会の報告書を基に、制定されました。認定基準とともに２００１年12月12日、各都道府県労働局労働基準部長宛に通達された『基労補発第31号「脳血管疾患及び虚血性心疾患等（負傷に起因するものを除く。）の認定基準の運用上の留意点等について」』では、脳・心臓疾患の労災認定にあたっては「認定基準１０６３号通達のより正確な理解のため、脳・心臓疾患の認定基準に関する専門検討会報告書を活用するものとする」として、新認定基準に基づく労災認定に遺漏のないよう、報告書の正しい理解を求めています。

過労死の本質は睡眠不足

過労死認定基準の医学的根拠とされた報告書及び報告書を正しく解釈するうえで重要となる、専門検討会の討議内容に基づいて、長時間労働による健康障害の本質を明らかにします。

疲労の蓄積と脳・心臓疾患の発症との関係について、同報告書では「恒常的な長時間労働等の負荷が長期間にわたって作用した場合には、ストレス反応は持続し、かつ過大となり、ついには回復し難いものとなる。これを一般に疲労の蓄積といい、これによって、生体機能は低下し、血管病変が増悪することがあると考えられている」とし、疲労の蓄積が長時間労働によって引き起こされ、脳・心臓疾患が発症したと認められる場合には、業務起因性が認められる、つまりは労災として認められる、としています。

しかし、長時間労働がなぜ疲労の蓄積を生じさせるかについて、専門検討会では、800余の医学論文に記された客観的・科学的データを基に考察を加えても、単に労働時間だけをとってしては「医学的に何時間労働を行うとどうだとはいえない」（第6回専門検討会議事録・座長発言）とし、「医学的には睡眠時間ということでいかないと、はっきりしたことはいえない」（同議事録・座長発言）ことを明言しています。つまり、長時間労働が、疲労の蓄積を生じさせ、血管病変等をその自然経過を超えて著しく増悪させて、脳・心臓疾患を発症せしめるのは、長時間の労働そのものが原因ではなく、長時間労働により惹起された睡眠不足がその本質である、としているのです。

しかし、「就労時間は記録があり、客観的な判断ができるが、睡眠時間となると、その証言は家族によるしかなく、睡眠時間にあまり力点を置くと、客観的でないデータに判断の力点を置くことになる」（同議事録・参集者発言）ことや、「裁判を考えると、遺族の側は睡眠時間5時間というところを証明すればいいということになる。ところが、行政の側からすると、被災労働者の睡眠時間は調べようがない」ため、「睡眠時間を目安に取るよりは、勤務時間を目安に取ったほうがいい」（同議事録・参集者発言）として、専門検討会では、本質は睡眠時間であるものの、労災認定の実務上の問題から、労働時間から睡眠時間を推定して、業務の過重性の有無を判断することとし、「生理的に必要な最小限度の睡眠時間（おおむね5時間）を確保できないような労働時間の長時間化」（第5回同専門検討会議事録・参集者発言）があったか否かで疲労の蓄積を判断することとしたのです。

健康障害を引き起こす睡眠時間

どの程度の睡眠時間が確保されなければ、疲労が蓄積されるかについて、専門検討会では、「疲労が回復せずに蓄積していく睡眠時間というのは大体4時間か5時間というふうに、あとで述べるけれども、そう押さえているわけである」（同議事録・座長発言）としています。報告書においても「一般に、睡眠不足の健康への影響は、循環器や交感神経系の反応性を高め、脳・心臓疾患の有病率や死亡率を高めると考えられており、……（中略）……睡眠時間が6時間未満では、狭心症や心筋梗塞の有病率が高い、睡眠時間が5時間以下では脳・心臓疾患の発症率が高い、睡眠時間が4時間以下の人の冠（状）動脈性心疾患による死亡率は7～7・9時間睡眠の人と比較すると2・08倍であるなど、長期間にわたる1日4～6時間以下の睡眠不足状態では、睡眠不足が脳・心臓疾患の有病率や死亡率を高めるとする報告がある」として「長時間労働のみに着目してみた場合、現在までの研究によって示されている1日4～6時間程度の睡眠が確保できない状態が継続していたかどうかという視点で検討することが妥当」との考えを示しました。

一方、最も健康的な睡眠時間について、専門検討会では「通常であれば睡眠を大体6、7時間取れば、その日の急性疲労は一応取れるだろうと考えられる」（第3回同専門検討会議事録・座長発言）としたものの、報告書では、Ｂｅｒｋｍａｎらが、米国カリフォルニア州アラメダ郡の成人6928人を対象に行った長期の追跡調査の結果が「どのような健康状態においても人にとって1日7～8時間の睡眠が最も健康的であることを示している」ことを踏まえ、「その日の疲労がその日の睡眠で回復できる状態にあったかどうかは、現在までの研究によって示されている1日7～8時間の睡眠ないしそれに相当する休息が確保できていたかどうかという視点で検討することが妥当と考えられる」としました。

労働時間を基にした睡眠時間の推定

専門検討会では、労働時間から睡眠時間を推定するに際して「おそらく労働者の1日の時間配分という調査があるわけで、睡眠時間は何時間で、通勤時間は何時間で、食事・風呂で何時間でとか、そういうのと整合性をとって、きちんとした数値を出していきたい」（同議事録・座長発言）として、総務省の社会生活基本調査と（財）日本放送協会の国民生活時間調査を基に、労働者の平均的な1日の過ごし方を次のグラフにまとめました。

このうち、食事等とは、食事、身の回りの用事、通勤等の時間と定義づけられており、これに5・3時間を割くなど、全体として「ずっと働いて、その後パッと寝るという意味ではなく、その間かなりゆとりを持たせている」（第7回同専門検討会議事録・座長発言）ものとなっています。

［図表8］労働者の平均的な1日の過ごし方

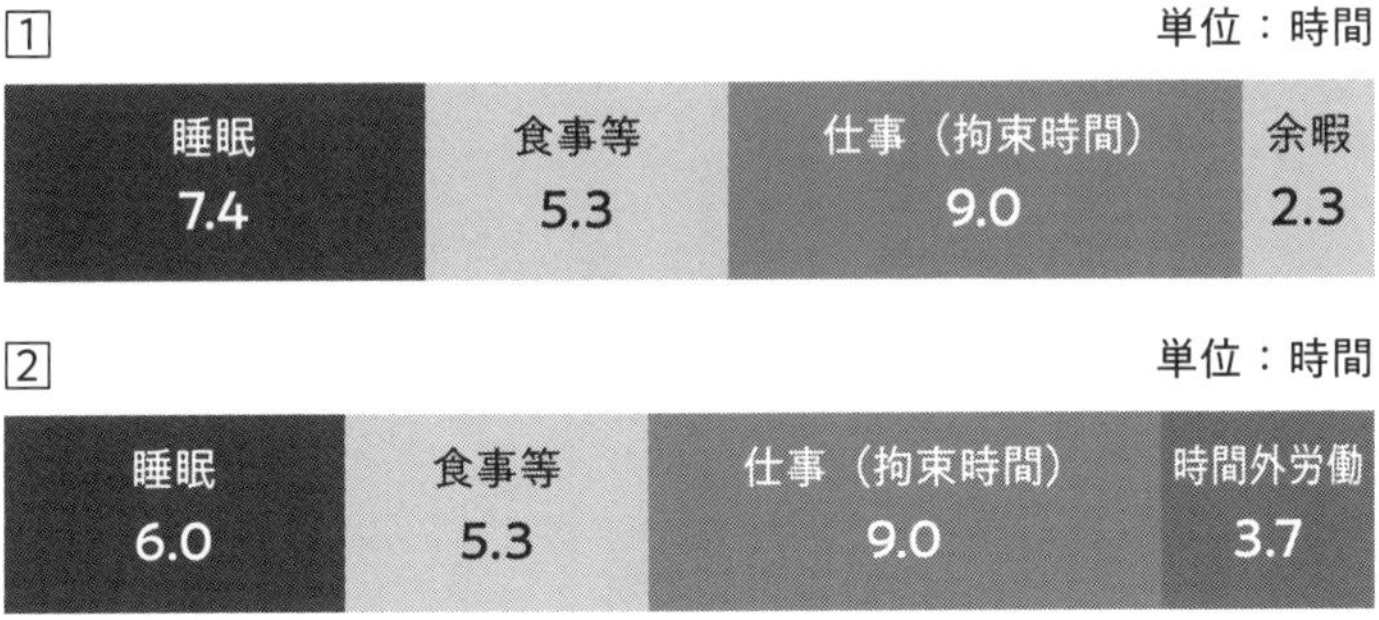

著者作成

図表8－1を基に、長時間労働が原因で、狭心症や心筋梗塞の「有病率」が高いとされる、睡眠時間が6時間未満となることが想定される時間外労働時間を計算すると、報告書97頁の（注1）により「24時間から……睡眠（6時間）・食事等・仕事を引いた時間」とされていることから、「1日24時間－睡眠6時間－食事等5・3時間－仕事（所定内拘束時間）9時間＝3・7時間」となります（図表8－2）。

つまり時間外労働が3・7時間を超えると図表8－1のうち、睡眠時間の1・4時間、余暇の2・3時間がこれに割かれ、睡眠時間は6時間以下となります。

同様の計算式により、長時間労働が原因で、狭心

［図表８］

③ 単位：時間

著者作成

症や心筋梗塞の「発症率」が高いとされる睡眠時間が5時間以下となる時間外労働時間は、4・7時間です。グラフにすると図表8－③のとおりです。

この場合は、時間外労働が4・7時間に達すると、図表8－①のうち、睡眠時間の2・4時間、余暇の2・3時間がこれに割かれ、睡眠時間は5時間となります。

長時間労働が何日続けば、健康障害が発症する可能性が高まるのか

上図（図表8－③）で示した長時間労働による睡眠不足は、無論、当該日が1日でもあれば、それのみで、脳・心臓疾患の発症率が高くなるわけではありません。専門検討会では、長時間労働に

よって、生理的に必要な睡眠時間の確保ができない日が何日あれば、脳・心臓疾患の発症との関連性が強いと判断されるかについて「5時間睡眠が6カ月の間に何日ぐらい続けば業務上と認めるかということが、一番大きな問題になる。」（同議事録・座長発言）とし、結論として報告書では「1日5時間程度の時間外労働が継続し、発症前1カ月間におおむね100時間を超える時間外労働が認められる状態」としました。これは報告書97頁の考え方によれば、週休2日制を前提に、1カ月間の平均所定勤務日数の全部である21・7日間にわたって継続的に4・7時間以上の時間外労働に従事した場合（1日4・7時間×21・7日≒100時間）を指しています。

この1日4・7時間、1カ月100時間の評価について、専門検討会では「1カ月で100時間というのは、週2日休んで、1日5時間の時間外労働を行った場合である。かなり余裕を持って認めていると思う。」（第11回専門検討会議事録・座長発言）としています。

一方、前記（図表8-2）の場合は、やはり週休2日制を前提に、1カ月間の平均所定勤務日数の全部である21・7日間にわたって3・7時間の時間外労働に従事した

（1カ月換算では3・7時間×21・7日≒80時間）としても、専門検討会は単に1カ月間このような状態が生じたのみでは、長時間労働と脳・心臓疾患の関連性を認めるには至らないものとし、「時間外労働80時間の状態が1カ月間継続しても『特に』というレベルまで行かないが、2カ月平均してあれば、『特に』になるという考え方である」（同・座長発言）として、3・7時間の時間外労働が1カ月間の全所定勤務日について継続し、この状態が、2カ月間ないし6カ月間にわたって認められれば、業務と脳・心臓疾患の発症との関連性が強いと判断することとしました。

結局、残業をどのようにコントロールすれば、健全な心身が維持できるのか

報告書によれば、労働による疲労の蓄積が生じず「その日の疲労がその日の睡眠で回復できる状態」は「1日7～8時間の睡眠ないしそれに相当する休息が確保できていた」場合であるとしています。報告書では、「その日の疲労がその日の睡眠で回復でき

［図表8］

4　　単位：時間

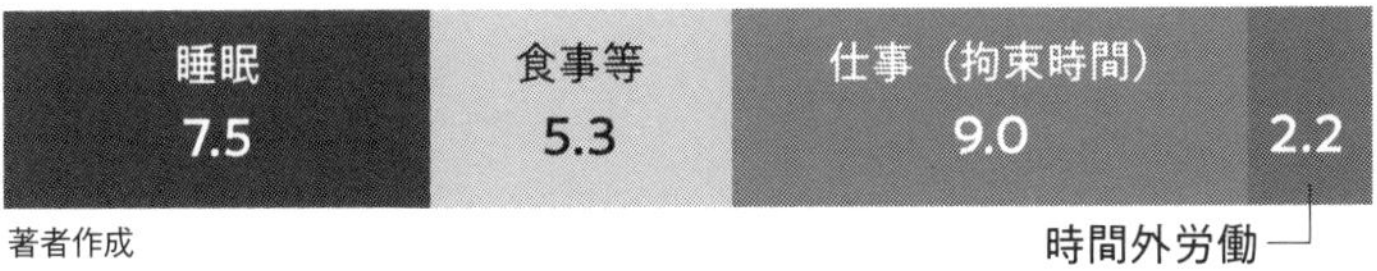

著者作成

る」睡眠時間を、7〜8時間の中間値を採用して1日7・5時間と仮定し「この状態は、前記調査によると労働者の場合、1日の労働時間8時間を超え、2時間程度の時間外労働を行った場合に相当」する、としています。正確には、報告書97頁に示された計算式により「1日24時間−睡眠7・5時間−食事等5・3時間−仕事（所定内拘束時間）9時間＝2・2時間」（図表8−4）となります。

つまり、1日2・2時間までの時間外労働であれば、その日の7・5時間の睡眠時間が確保され、「その日の疲労がその日の睡眠で回復できる状態」となって、疲労の蓄積は生じないことになります。

よって、時間外労働は1日2時間程度までを目安とし、特に業務が繁忙であっても、それによってその日の睡眠時間が5時間を下回ることのないように、時間外労働は4・7時間までに抑える、可能であれば1日の残業の上限は、その日の睡眠時間が6時間は確保できるように3・7時間までとする、そして1カ月間ぶっ通しで長時間労働をさせるといった事態は必ず回避する、といった労務管理が大切なのです。

第4章

IPOを目指す企業のほとんどが直面する未払賃金問題

未払賃金の精算が、ＩＰＯにおける労務管理で重要となる理由

「新規上場申請のための有価証券報告書（Ⅱの部）」には「g．賃金未払いの発生状況」という項目があります。「最近1年間及び申請事業年度」に、未払賃金が発生した場合には、詳細の記入が求められます。

未払賃金の発生が重要視されるのは、コンプライアンスの観点から当然のことですが、財務諸表への影響もあります。まずコンプライアンス上の問題です。未払賃金が発生したということは、法令違反の状態にあったということです。また、それまで未払賃金の発生状況を把握できていないということは、法令違反の防止体制が整えられていなかった、ということにもなります。

また未払賃金を精算すれば、その期の特別損失として損益計算書に計上することになり業績に悪影響を及ぼす懸念が生じます。

精算金額は億単位になることも

上場審査を受けるのであれば未払賃金はその前に精算することになります。企業規模にもよりますが、その精算金額が数億円規模になることもあり得ます。

例えば、仮に15分の残業時間の切り捨てが毎日あったと仮定します。1カ月20日の労働日で計算すると1人あたり月5時間です。これが3年間だと1人あたり180時間、社員100人だと1万8000時間になります。時給3000円で計算すると5400万円、未払いの時間が長い、あるいは社員数がさらに多いと、容易に億単位になることが想像されます。

▼未払賃金の精算は3年前まで遡る

2020年4月1日の民法改正によって、従来は2年間だった「賃金請求権」の時効が、改正後は5年間に延長されました（労働基準法第115条）。賃金請求権とは、文

［図表９］民法改正後の賃金請求権の時効

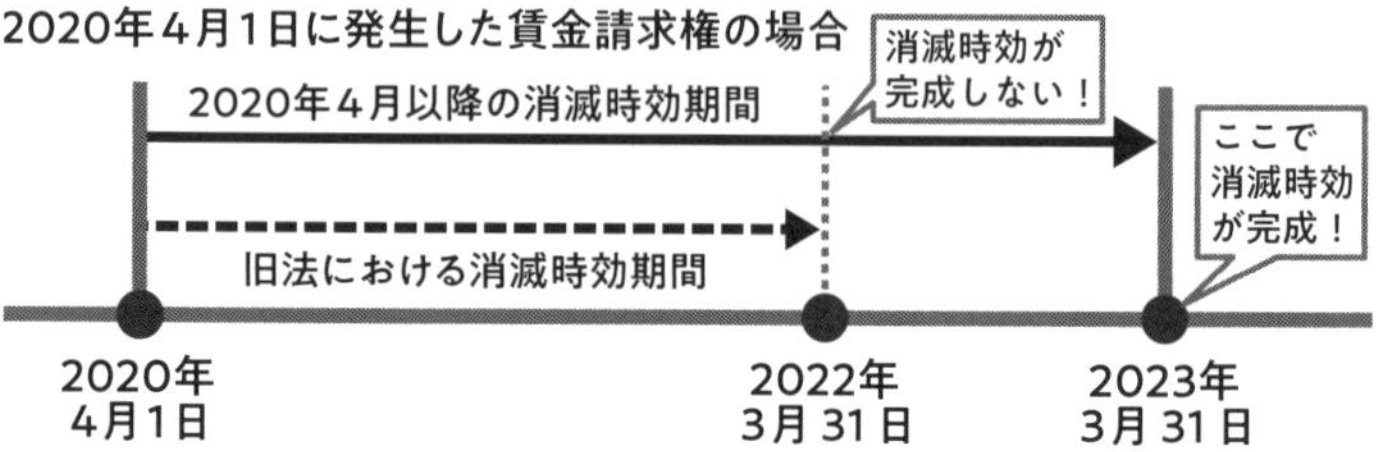

出典：厚生労働省「未払賃金が請求できる期間などが延長されています」（令和2年4月1日施行）

字どおり、労働者が企業に対して賃金を請求する権利のことです。なお、当分の間は猶予期間（猶予期間の終了時期は未定）が設けられており、本書の執筆時点での時効は３年間となっています（労働基準法第１４３条３項）。

▼**賃金請求権の遡及期間**

この３年間の時効は、２０２０年４月１日以降に支払われる賃金に対して適用されることになっています。例えば、給与が本来支払われる予定だった日が２０２０年４月１日だった場合、その３年後の２０２３年３月31日までの間は賃金請求権が認められるということです。２０２３年４月１日以降に過去の未払賃金が発覚した場合、遡って、３年分の未払賃金を支払う必要があるということです。時効の年数と未払賃金支払いの遡及年数との関係は、このようにとらえることになります。

なお、現在の3年間の時効は、従来の2年間と比べると1・5倍です。これが、猶予期間が終了して5年間になった場合、従来の2年間と比べると2・5倍になります。そう考えると、時効の年数が未払賃金の額に与える影響が大きいことが分かります。

IPOにおいて未払賃金の問題は避けて通れない

IPOに向けて準備する過程で、未払賃金は多くの企業が抱えている問題です。実際に過去に関与してきた企業では、IPO前に、その多くで未払賃金の精算を行っています。

多くの経営者は未払賃金の精算に消極的である場合が多いようです。退職者にまで未払賃金を支払わなくてよいだろう、とか、パートは関係ないから支払う必要はないだろう、といった具合です。

もちろんお金を払いたくないということもあるでしょうし、未払賃金があったという事実、つまり法令違反をしていたという事実が社員の信頼を損ねてしまうのではないかという懸念、さらには、未払賃金の計算や支払いの事務作業が大変だからということもあると思います。

しかし、未払賃金精算の対象から、退職者やパートを除外できる理由は見当たりません。例外なく、全員が、未払賃金精算の対象となります。もちろん、そもそも労務管理がしっかりできており、未払賃金が存在しないであろう企業もあります。ただしその場合であっても、念のため、未払賃金が存在しないことの確認を行っておくべきです。

このようにＩＰＯにおいて未払賃金の問題は避けて通ることができません。いわば未払賃金の問題はＩＰＯにおける通過儀礼の一つなのです。

未払賃金が発生するよくある理由

ではそもそもどうして未払賃金が発生するのか、そのよくある理由は次のとおりです。

▼端数の切り捨て

労働時間のカウントが不足していたために、その不足分の賃金を支払えておらず、未払賃金となることがあります。

よくあるのは労働時間をカウントする際に端数を切り捨てにしていたケースです。例えば、15分未満の端数を切り捨てて15分単位でカウントしていた場合です。日々の残業時間等は、原則、たとえそれが1分であろうと、切り捨ては認められていません。労働時間を15分単位で管理していた場合、賃金の計算も15分単位で行われていますので、切り捨てにしていた15分未満の時間分は、未払賃金となってしまいます。

▼サービス残業

タイムカード等に終業の打刻をしたにもかかわらず、そのあとも継続して仕事をしていたケースも散見します。いわゆるサービス残業です。

なぜこのようなことが起きるのか、その理由は会社によってさまざまです。所定終業時刻を過ぎても仕事をしているのだが、残業を申請するのが煩わしく、社員自ら所定の終業時刻にタイムカードを打刻していた、あるいは、会社のことを思い、良かれと思って早めにタイムカードを打刻していたなどのケースです。これらの場合、打刻後に継続して仕事をしていた時間は会社側が明示的な禁止命令をしていない限り、労働時間と評価されることが多いです。つまり、未払賃金が生じていた、ということになります。

▼割増賃金の計算要素のメンテナンス忘れ

割増賃金は所定労働時間や割増率等のさまざまな要素を基に計算します。そして、これらの要素の数値はときに変更になることがあるのですが、そのメンテナンスを忘れてしまった結果、未払賃金の発生につながることがあります。

月給制の場合、割増賃金の計算過程で通常の労働時間の単価を求める際に月平均所定労働時間を使用します。これは1年間の各月の所定労働時間の平均を計算したものですが、この1年間の各月の所定労働時間は、年によって変わることがあります。その理由は、曜日の巡り合わせによって1年間の休日の日数が変わるからです。その結果、1年間の出勤日数が変わり、月平均所定労働時間も変わるのです。

月平均所定労働時間のメンテナンス忘れが未払賃金の発生につながるのは、労働時間が減ったにもかかわらず、減る前の従前の労働時間を使用して割増賃金を計算していた場合です。月平均所定労働時間が減るということは、割増賃金の単価が上がるということです。それにもかかわらず低いままの単価で割増賃金を計算してしまうと、割増賃金が本来よりも低い金額となってしまい、その不足額が未払賃金となるのです。

▼法改正への未対応

労働社会保険諸法令は、毎年のように法改正が行われています。特に近年は、働き方改革に伴う法改正が相次いで行われたこともあり、企業は対応に追われている状況です。このような法改正のなかには、賃金の計算方法に影響するものが含まれることがあります。

２０２３年４月１日から中小企業における時間外労働が60時間を超えた場合の割増率が変更されました。大企業については２０１０年４月１日から、法定時間外労働が60時間を超えた場合の割増率が50％に引き上げられていましたが、中小企業については猶予期間が設けられ、当分の間は従来の25％のまま据え置きとなっていました。この猶予期間が終了することとされ、２０２３年４月１日からは中小企業についても50％で計算することになりました。

このような賃金の計算方法に影響する法改正を取りこぼしてしまい、割増賃金の計算方法のメンテナンスが漏れてしまった結果、これまでは発生していなかった未払賃金が気づかないうちに発生し始めるということも考えられます。

▼割増賃金の基礎における除外賃金に対する勘違い

家族手当、通勤手当、単身赴任手当、住宅手当、臨時に支払われた賃金、１カ月を超える期間ごとに支払われる賃金については、割増賃金の基礎から除外できることになっています。

ただしこれらの除外される手当については、名称にかかわらず実質によって取り扱うこととされており、労基法が想定する手当の性質にそぐわない場合には除外することが認められないことがあります。そして、割増賃金の基礎から除外していた手当が、本来なら除外できない性質の手当だったことが分かった場合には、割増賃金の基礎に含めることになります。その結果、割増賃金の単価が上がり、上がったあとの単価で再計算した割増賃金との差額（不足額）が、未払賃金となるのです。

まず家族手当です。割増賃金の基礎から除外できる家族手当とは、扶養家族数等を基準として算出した手当のこととされています。割増賃金の基礎から除外できないのは、一律に支給するといった扶養家族数等とは関係ない方法で計算された場合です。例えば、扶養家族数に応じて支払われている一方で独身者にも一定額が支払われている場合は、その一定額の部分については扶養家族数に関係なく支給されているものとみなされますので、割増賃金の基礎から除外できないとされています。また、家族手当のなかに、社員本人の格付けに応じた一定額が含まれている場合（扶養家族ではなく本人に対して支給されるものが含まれている場合）も、その格付に応じた一定額については割増賃金の基礎から除外できないとされています（１９４７年11月５日基発２３１号、１９４７年12月26日基発５７２号）。

次に通勤手当です。割増賃金の基礎から除外される通勤手当とは、通勤距離、あるいは通勤に要する実費に応じて計算される手当のこととされています。そのため、通勤距離や通勤に要する実費と関係のない計算方法で支給されている場合は、割増賃金の基礎から除外できません。例えば通勤距離にかかわらず一律の最低額を設定している場合には、その最低額の部分は割増賃金の基礎から除外できないとされています（1948年2月20日基発297号）。

もう1つ、住宅手当があります。割増賃金の基礎から除外される住宅手当とは、賃貸住宅の家賃や持ち家の住宅ローン月額等の住宅に要する費用のことをいいます。そして、この住宅手当を割増賃金の基礎から除外するには、住宅に要する費用に対する一定割合の額を支給する、あるいは費用を段階的に区分して（レンジ分け）、費用が増えるにしたがって段階的に多くして支給するというように、住宅に要する費用に応じて計算されたものでなければならないとされています。そのため、例えば賃貸住宅居住者と持ち家居住者というように住宅の形態ごとに一律で支給するものや、住宅に要する費用ではなく扶養家族の有無によって支給額を計算するものについては、割増賃金の基礎から除外できないこととされています（平成11年3月31日基発170号）。

このように、家族手当、通勤手当、住宅手当といった名称であったとしても、その性質によっては、割増賃金の基礎から除外できないことがありますので注意が必要です。

▼歩合給の残業代の支給漏れ

一定の成果に応じて支払われる歩合給やインセンティブといった手当があります。一定の成果に応じて支払われる手当であっても、割増賃金の基礎から除外することはできません。しかし歩合給等を割増賃金の基礎に含めずに割増賃金の計算を行っている、つまり歩合給等の割増賃金の支払いができていないケースもよく見かけます。歩合給等の割増賃金は、その月の総労働時間を基礎として、法定時間外労働または法定休日労働の時間数に応じて計算して支給しなければなりません（1988年3月14日基発150号）。以下が計算の具体例です。

総労働時間とは、時間外労働時間や休日労働を含めたその月の合計の労働時間のことです。歩合給の割増賃金を計算する際は、この総労働時間を使用して時間単価を求めま

［図表10］歩合給の割増賃金計算の具体例

歩合給：190,000円
総労働時間：190時間
総労働時間のうち法定時間外労働：18時間
時間外割増率：25%

歩合給の割増賃金＝通常の労働時間の単価×時間外労働×時間外割増率
＝（190,000円÷190時間）×18時間×25%
＝4,500円

す。時間外割増率が125%ではなく25%となるのは、割増賃金の計算の基となる歩合給の部分にすでに100%の分が含まれているためです。

固定残業代制度は大丈夫なのか

割増賃金をあらかじめ定めた定額で支給する制度が、いわゆる固定残業代制です。固定残業代制は多くの企業で適用されており、IPOを目指す企業でも、多くの企業が固定残業代制を採用しています。

固定残業代という制度は、割増賃金を支払う代わりに、固定の定額の残業代を支給する制度です。実際に労働した時間外労働が固定残業代に含まれる時間数を超えた場合には、その超過分を追加で支給することが必要となります。この超過分の支給が行われていなかったために未払賃金となってしまうことがあるのです。

よくあるのは固定残業代に含まれる残業時間数、例えばそれが45時間だとすると、これを超える残業をいわゆるサービス残業としているケースです。この45時間という時間数の意味を、45時間を超えた残業をしてはいけないものだと社員が受け止め、超過しそうになると、タイムカード等を実際よりも早い時刻に打刻してしまうのです。

また、45時間を超える時間外労働を行う場合に、社員からの申請を求めるという申請制を採用している企業もありますが、実際に申請すると上司が渋い顔をしたりするなど申請が憚《はばか》られる雰囲気が職場にあるため、申請を出さずにサービス残業を行っていることもあります。いずれの場合も、実際には45時間を超える時間外労働を行っているわけですので、その超過分については割増賃金を支給することが必要となり、支給しない場合は未払賃金となります。

社員側だけでなく、会社側から45時間を超えないように社員に指導することもあります。また管理職も、部下の時間外労働が45時間を超えることはあってはならないと考え、45時間以内に収めることをある種の義務だととらえてしまうことがあります。

こうして、労使ともに45時間を超える時間外労働の申請を避けようとする力学が働き、実際には45時間を超えているにもかかわらず、超えていないように偽ってしまうのです。

このような場合、賃金台帳に記載されている時間外労働の時間数が、毎月45時間の間際で推移しているという形で表れてきます。以前、労働基準監督官による臨検の際に、勤怠記録の正確性が怪しいと考えるのはこういったケースである、といった話を聞いたことがあります。

また、45時間を超える残業を申請制としている会社で、タイムカードやPCのログ管理ソフトの記録により45時間を超える残業が疑われる場合には、労働基準監督官から、タイムカード等の記録と賃金台帳における時間外労働の記録との間に合理的な説明がつきにくい乖離が生じている、と指摘され、その実態を調査して賃金未払いの時間外労働が認められた場合、遡って精算するようにとの指導票が出されることがあります。

では時間外労働が固定残業代の45時間を超えた場合はどうすればよいのかというと、45

時間を超えること自体は、36協定で特別条項を締結しており、その時間内であれば法令違反ではありません。労働基準法第36条5項により、労使協定に定めれば1年のうち6カ月については、45時間を超える時間外労働を行っても法令違反ではないのです。もちろん超過分の割増賃金の支払いは必要となりますが、支払いをきちんと行っておけば問題はありません。1年のうち6カ月以内であれば超えても問題ない、超過分はきちんと支払う、といった正しいメッセージを企業が発信していくことが、大切なように思います。

固定残業代制度は、1カ月あたり45時間以内が無難

固定残業制の対象時間数は、何時間まで法的に許容されるのかについては、法令はもとより、判例でも現時点で確定的な基準が示されているわけではありません。36協定の一般条項の限度時間である1カ月あたり45時間分を超える固定残業制については、その有効性を肯定するものと、否定するものとの両方の判例が存在します。ただし、これを超えない範囲内であれば固定残業代制の対象時間数が多いことが、上場審査

のマイナス要因になるかどうかは疑問です。

では、固定残業代制を適用する会社において、その時間数を何時間で設定する企業が多いのかというと、随分と前までは、月45時間でした。しかし長時間労働に対する社会の、特に若年層の意識が変化しているなか、月45時間の場合、一般的な感覚からするとやや長いととらえられ、人材採用に悪影響を与えると考えられることが増えています。

そのため最近のＩＰＯ企業を見ると、固定残業制の対象時間数は月20時間程度以内が多くなってきている印象を受けます。いずれにせよ、固定残業代制を巡る現状の裁判所の判断を見渡しますと、固定残業代制の対象時間は、月45時間以内とすることが無難なように思われます。

未払賃金精算の手順と心構え

ＩＰＯを目指す企業では、未払賃金が存在することが少なくないのですが、上場審査に入る前にそれを適正に精算しておけば、あとになって大きな問題となることはありません。発覚した未払賃金をどのように精算するのかというと、対応実務は、総務部または人事部が中心となって進めることが多いです。

▼未払賃金の精算の対象者、および対象期間

未払賃金の精算の対象者は、賃金請求権の時効が消滅していないすべての社員です。すでに退職された社員も含まれます。未払賃金の精算を行う時期は、上場申請の直前々期の期末までに行うことが多いように思います。賃金請求権の時効は3年間ですので、未払賃金の精算も3年前まで遡って行います。

▼未払賃金の精算の流れ　①まず出血を止める

未払賃金の精算の流れですが、まず先に新たな未払賃金が発生しない仕組みをつくります。例えば労働時間を1分単位で管理し、タイムカードの不適切な打刻もないという状態を全社で徹底させるなどです。

未払賃金が発生しない仕組みを先につくる理由は、この仕組みをつくらないまま未払賃金の精算を行っても、未払賃金の精算が終了した次の日から、再び新たな未払賃金が

発生してしまうことになるためです。そのため、まず先に新たな未払賃金が発生しない仕組みをつくり、そのあとで未払賃金を精算するという順序で対応を進めていきます。いわば、まず出血を止めることが前提だということです。

▼未払賃金の精算の流れ　②未払賃金の存否の確認

未払賃金を精算する際は、通常、未払賃金の存否を尋ねる書面を、対象者のすべてに送付します。この書面に対する回答の返信率は、在職者についてはほとんど100％になります。一方で退職者の場合は、返事はなくても通常2回は送付します。

▼未払賃金の存否に関する書面の例

この書面の様式や内容には決まりはなく、実際のＩＰＯの現場ではさまざまなパターンが見られます。

なお、未払賃金を遡って精算した場合には、過去の労働保険料、社会保険料の再計算および不足額の納付、年末調整のやり直し等の事務、さらに支払いが遅れたことによる遅延損害金の計算等、対応すべき事柄が多いです。

▼社員からのクレームへの対応

確認書を送付して未払賃金を精算する過程で、在職者や退職者からクレームが出ることがあります。以前から不満に思っていたことを、いい機会だからと申し出てくるというものです。例えば、休憩を取らせてもらえなかった、上司から残業申請を拒否された、といった内容です。

これらのクレームに対しては、真摯に向き合って、解決を図ります。通常、社員が提示できる証拠が示されないことが多いことから、クレームに対応することに抵抗する会社も少なからずありますが、結局のところ水掛け論になってしまいます。話し合いでの円満解決に注力します。

未払残業の存否やその時間について、証拠等がない場合には、民法の和解の効力を適用することができますので、お互いが譲歩できる金額を話し合い、債権債務を解消するという方法を取ることが可能です。

［図表11］賃金支払等に関する確認書

社員各位

総務部　○○○○

賃金支払等に関する確認書

日頃の業務への精励に、心から感謝申し上げます。

さて、当社ではこれまで、社員の皆様の賃金を、法令に遵守して、適正にお支払することができるよう留意してまいりました。時間外労働等の割増賃金についても、残業の申請･承認制度に基づき、適切な対処を心がけてきました。しかし、それでもなお、残業の申請漏れや休憩の未取得、その他の理由により、時間外労働割増手当をはじめとする賃金未払いの存するケースが、可能性としてはありますので、今般、未払い賃金の有無を確認させていただくことといたしました。

今回対象とさせていただく期間は、　年　月　日から　年　月　日までです。その間で、もし未申告の時間外勤務等により、賃金の未払いがございましたら、下記の該当欄にチェックしていただくとともに、その詳細を別紙にご記入の上、ご提出ください。

また、未払いの賃金がなかった場合でも、必ずご報告をしてください。

また、提出方法ですが、氏名、所属を明記して各自封書にて人事部に返信ください。個人情報として取扱いを行うため、メール、FAX 等による送信は禁止いたします。

※チェックの上、署名を願います。

□　未申請の残業等や休憩の未取得、その他未払賃金等はありません。

□　未申請の残業等や休憩の未取得、その他未払賃金等があります。詳細は別紙のとおりです。

所属

署名

著者作成

大切なのは、将来に火種を残さないように、社員の方に十分に納得してもらうことだと思います。

またこのようなクレームのなかには、実際には残業を行っていないにもかかわらず、残業を行っていたと社員が申し出るケースもあります。この場合は、勤怠記録やパソコンのログの記録を基に、残業を行っていた事実が見当たらないことを説明するとともに、ほかに残業をしたことを証明するものがあれば、いつでも誠実に対応する旨を説明します。

このように未払賃金の精算はある意味、寝た子を起こす作業から始まるため、ある程度のクレームやトラブルなどが生じることは覚悟する必要があります。大変ですがその初期消火がのちにより大きなトラブルに見舞われることを防ぐともいえます。

ＩＰＯを目指す企業に必要な心構え

ＩＰＯでは多くの企業が未払賃金の問題に直面します。退職者を含めた全員が賃金未払の把握や精算の対象となり、とにかく膨大な作業が必要です。しかしこれはＩＰＯを目指す企業の多くが通ってきた道です。そして最近上場した企業の多くは、この問題を乗り越えてきました。

私の経験では、上場審査のための未払賃金精算で倒産した会社はありません。未払賃金は決して解決できない問題ではないと思います。大変な作業ではありますが、解決に向けて正面から取り組む心構えが大切です。

▼CFOはIPOのキーマン

通常、上場申請実務における中心人物はＣＦＯです。しかし私の経験では、社内からＣＦＯを抜擢したというケースはあまり多くありません。その理由は、ＩＰＯにおけるＣＦＯの仕事は難易度が高く、社内で適任者が見つかることはあまりないためです。証券会社や監査法人が招聘した外部の人物がＣＦＯを務めるケースが多いように思います。

社内外のＩＰＯ関係者との折衝もＣＦＯが中心となって行い、時には社長を含めた経営陣とぶつかることもあるため、ＣＦＯには高い人間関係調整力が求められます。そのため、ＩＰＯを目指す過程でＣＦＯが疲弊してしまい、会社を辞めてしまうことや何回も交代することも、珍しいことではありません。

ＣＦＯの交代が相次いだ場合には、主幹事証券や証券取引所から質問を受けることがあります。何人辞めたら質問を受けることになるのか、というような基準はありませんが、ＣＦＯが頻繁に交代しているようでは、そのことにより、主幹事証券や証券取引所の不信感を招きかねません。

ＩＰＯを目指す経営者はこのようなＣＦＯの苦労を理解し、それに見合った配慮を施すこともＩＰＯ成功のための大切なポイントです。

第5章

万全の体制で上場審査を迎えるために――監査を受ける前に行っておくべき労務整備

ハラスメントの防止対策も重要

ＩＰＯを目指す企業にとって、思わぬリスクとなりかねないのが、セクシュアルハラスメント（セクハラ）、パワーハラスメント（パワハラ）などのハラスメントトラブルです。ハラスメントが行われていることが公になれば会社の信用や評判は低下し、社会に対して、労務管理がずさんな企業とのイメージを与えることにもなりかねません。数年前、マタニティハラスメント（マタハラ）を行っていることがＳＮＳ上で公開され、そのあとの対応の拙さも加わって、株価が年初来最安値を記録した企業がありました。このことからも、ハラスメントについて、投資家は、厳しい監視の目を向けていることがうかがえます。ＩＰＯにおいても、ハラスメントはネガティブな影響を与えることが懸念されます。

セクハラ、パワハラ、マタハラは、いずれも法律によって禁止の対象とされています。セクハラは男女雇用機会均等法で、パワハラは労働施策総合推進法で、マタハラ、イクハラは男女雇用機会均等法と育児・介護休業法でその防止を図った規定が設けられています。

ただし、いずれもハラスメントの加害者や対応を怠っていた企業に対する罰則規定はありません。したがって、ハラスメントの被害者が加害者等の法的責任を問おうとする場合には、民法上の不法行為責任等を追及することになります。

ハラスメントのリスクに関して、最も警戒を要するのは自殺です。セクハラにせよ、パワハラにせよ、それが継続的に行われれば被害者は精神的な打撃にさらされ続けることになり、次第に心が壊れていく危険性があります。

うつ病となり、その症状の一つとされる、死にたいという希死念慮（自殺念慮）が生じ、最悪の場合には、自殺を図ることも考えられます。通常、自殺は、本人の自由意思に基づいて行われると考えられることにより、労災保険法12条の2の2第1項の「故意に負傷、疾病、障害若しくは死亡又はその直接の原因となった事故を生じさせたときは、政府は、保険給付を行わない」との定めが適用され、労災補償の対象外なのです

心理的負荷の強度を「弱」「中」「強」と判断する具体例		
弱	中	強
【解説】 上司等による身体的攻撃、精神的攻撃等が「強」の程度に至らない場合、心理的負荷の総合評価の視点を踏まえて「弱」又は「中」と評価		○　上司等から、身体的攻撃、精神的攻撃等のパワーハラスメントを受けた 【「強」になる例】 • 上司等から、治療を要する程度の暴行等の身体的攻撃を受けた場合 • 上司等から、暴行等の身体的攻撃を執拗に受けた場合 • 上司等による次のような精神的攻撃が執拗に行われた場合 • 人格や人間性を否定するような、業務上明らかに必要性がない又は業務の目的を逸脱した精神的攻撃 • 必要以上に長時間にわたる叱責、他の労働者の面前における威圧的な叱責など、態様や手段が社会通念に照らして許容される範囲を超える精神的攻撃 • 心理的負荷としては「中」程度の身体的攻撃、精神的攻撃等を受けた場合であって、会社に相談しても適切な対応がなく、改善されなかった場合
【「弱」になる例】 • 上司等による「中」に至らない程度の身体的攻撃、精神的攻撃等が行われた場合	【「中」になる例】 • 上司等による次のような身体的攻撃・精神的攻撃が行われ、行為が反復・継続していない場合 • 治療を要さない程度の暴行による身体的攻撃 • 人格や人間性を否定するような、業務上明らかに必要性がない又は業務の目的を逸脱した精神的攻撃 • 必要以上に長時間にわたる叱責、他の労働者の面前における威圧的な叱責など、態様や手段が社会通念に照らして許容される範囲を超える精神的攻撃	
【「弱」になる例】 • 「○○ちゃん」等のセクシュアルハラスメントに当たる発言をされた場合 • 職場内に水着姿の女性のポスター等を掲示された場合	○　セクシュアルハラスメントを受けた 【「中」になる例】 • 胸や腰等への身体接触を含むセクシュアルハラスメントであっても、行為が継続しておらず、会社が適切かつ迅速に対応し発病前に解決した場合 • 身体接触のない性的な発言のみのセクシュアルハラスメントであって、発言が継続していない場合 • 身体接触のない性的な発言のみのセクシュアルハラスメントであって、複数回行われたものの、会社が適切かつ迅速に対応し発病前にそれが終了した場合	【「強」になる例】 • 胸や腰等への身体接触を含むセクシュアルハラスメントであって、継続して行われた場合 • 胸や腰等への身体接触を含むセクシュアルハラスメントであって、行為は継続していないが、会社に相談しても適切な対応がなく、改善されなかった又は会社への相談等の後に職場の人間関係が悪化した場合 • 身体接触のない性的な発言のみのセクシュアルハラスメントであって、発言の中に人格を否定するようなものを含み、かつ継続してなされた場合 • 身体接触のない性的な発言のみのセクシュアルハラスメントであって、性的な発言が継続してなされ、かつ会社がセクシュアルハラスメントがあると把握していても適切な対応がなく、改善がなされなかった場合

[図表12] 精神障害に関する労災認定基準

	出来事の類型	平均的な心理的負荷の強度				心理的負荷の総合評価の視点	
		具体的な出来事	心理的負荷の強度				
			Ⅰ	Ⅱ	Ⅲ		
29	⑤パワーハラスメント	上司等から、身体的攻撃、精神的攻撃等のパワーハラスメントを受けた			☆	• 指導・叱責等の言動に至る経緯や状況 • 身体的攻撃、精神的攻撃等の内容、程度等 • 反復・継続など執拗性の状況 • 就業環境を害する程度 • 会社の対応の有無及び内容、改善の状況 (注) 当該出来事の評価対象とならない対人関係のトラブルは、出来事の類型「対人関係」の各出来事で評価する。 (注)「上司等」には、職務上の地位が上位の者のほか、同僚又は部下であっても、業務上必要な知識や豊富な経験を有しており、その者の協力が得られなければ業務の円滑な遂行を行うことが困難な場合、同僚又は部下からの集団による行為でこれに抵抗又は拒絶することが困難である場合も含む。	
37	⑦セクシュアルハラスメント	セクシュアルハラスメントを受けた		☆		• セクシュアルハラスメントの内容、程度等 • その継続する状況 • 会社の対応の有無及び内容、改善の状況、職場の人間関係等	

出典:厚生労働省「業務による心理的負荷評価表」(令和2年改訂)より抜粋し著者作成

が、うつ病等による自殺の場合は、精神障害によって、正常な認識や行為選択能力、自殺行為を思いとどまる精神的な抑制力が著しく阻害されている状態に陥ったとして、故意の存在は否定され、原則としてその死亡は労災として認定されます。

ちなみに厚生労働省の精神障害に関する労災認定基準では、パワハラ、セクハラに関して、図表12の右欄の「強」に該当する被害を受けた場合、心理的負荷の強度が「強」と判断されることになります。つまり、業務による強い心理的負荷を受けていた、として労災認定の対象となってきます。

被害者が自殺した場合、会社は安全配慮義務違反等に問われることがある

こうしたハラスメントによって被害者が万が一自殺してしまった場合、雇用管理上の措置義務違反や安全配慮義務違反などの形で会社の責任が正面から問われることがあります。措置義務とはハラスメントを防止するために事業主が雇用管理上、必要な措置を

行うべき義務です。安全配慮義務とは、使用者（企業）が社員の心身の安全に配慮する義務であり、労働契約法5条で定められています。

被害者が自殺した場合、パワハラやセクハラは、遺族からの訴えによって発覚することが少なくありません。例えば自殺した女性の両親が、娘の自殺は上司からのパワハラが原因であり、会社は、雇用管理上の措置義務や安全配慮義務があるにもかかわらず、何らこれらに基づく配慮や措置を講じなかった、などと訴えを起こすのです。

ちなみに月80時間以上の残業は、労災認定において精神的なダメージを与える出来事として評価されることになります。さらに2カ月間に、1カ月あたり120時間以上の残業や3カ月間に1カ月あたりおおむね100時間以上の残業は、強度の精神的ダメージを与える出来事と評価され、月160時間以上になると、極度のダメージを与える出来事として評価されます。

そして労災判定の過程で労基署が入手した事実や証拠に関しては、弁護士が情報開示請求を行って開示させることが可能です。したがって、ハラスメントトラブルが起こり、労災認定されると、被害者側は自らに有利な証拠を、労基署を通じて容易に確保することができるので、訴訟において企業側が不利な状況に立たされることが多いようです。

労災が認定され、さらに民事訴訟を遺族が起こした場合には、判決や和解で多額の賠償金が認められる可能性があります。

第三者的な立場にある社労士、弁護士を外部の相談窓口にする

このようにハラスメントが発覚したら、ことにそれが被害者の自殺といった最悪の事態に陥ったら、ＩＰＯの準備を進めている企業にとっては大きな打撃となりかねません。そのような事態を最大限に避けるためにも、ハラスメントの防止策や起こった場合の適切な対応がなによりも重要になってくるのです。

ちなみにハラスメントの対策としては、次のような措置を講じることが厚生労働省によって求められています。

①事業主の方針等の明確化及びその周知・啓発
②行為者への厳正な対処方針、内容の規定化と周知・啓発
③相談窓口の設置
④相談に対する適切な対応
⑤事実関係の迅速かつ正確な確認
⑥被害者に対する適正な配慮の措置の実施
⑦行為者に対する適正な措置の実施
⑧再発防止措置の実施
⑨相談者・行為者等のプライバシーを保護するために必要な措置
⑩相談したこと、事実関係の確認に協力したこと等を理由として、解雇その他不利益な取り扱いをされない旨を定め、労働者に周知・啓発すること

これらの対策のなかで、ＩＰＯを進めている企業に求められるのが、ハラスメント相談窓口の充実措置です。総務部などの社内に加えて社外にも窓口を設けることを、主幹

事証券等からしばしば求められます。依頼する弁護士、社労士は会社から独立した第三者的な立場にいることを推奨されることが多いです。なぜなら、顧問弁護士や顧問社労士ではお手盛りになる恐れがあるためです。

窓口に寄せられたハラスメントの相談については、早急に事実関係を確認して迅速に対応を取ることが不可欠になります。相談がありながら放置した状態で、さらにハラスメントが繰り返された場合には、会社はなにもしてくれないという失望感や絶望感のために被害者が受ける心理的ダメージはよりいっそう深刻なものになる恐れがあります。

また被害者の具体的な救済手段としては、ハラスメントの加害者と会わせないようにするといった、物理的に距離を取ることがやはりいちばんの解決策となります。したがって多くの場合、加害者を配置転換させることがベストの選択肢となります。

それから加害者に対して再発防止措置を講じることは必須です。ハラスメントを繰り返すことがないよう、就業規則に基づいて懲戒処分を行い、改善を強く促します。

採用時の法的義務をしっかりと履行する

採用時に求められている法的義務もしっかりと履行することが大切です。具体的には、①労働条件明示、②健康診断、③安全衛生教育の3点です。

まず①賃金や労働時間などの労働条件については約束した・していないといったトラブルが多いので、その明示と書面の交付が労働基準法15条で義務づけられています（雇用契約書が労働条件の通知書をかねているのが一般的です）。

この労働条件明示のルールは2024年4月から、就業場所・業務の変更の範囲や有期労働契約の更新上限の有無と内容などについても明示しなければならないなど、さらに厳しくなります。

②健康診断は採用後の定期健康診断ではなく、採用時の健康診断です。新規採用した場合、雇い入れ時の健康診断が義務づけられていますが、行われていないケースが少なくありません。

③安全衛生教育は、労働者が従事する業務に関する安全または衛生のための教育です。安衛法第59条により実施が義務づけられており、違反した場合の刑事罰も規定されているのですが、メーカー以外では、守られていないところがほとんどです。

このように労働法の規定は意外に守られていません。私がこれまでに労務デューデリジェンスを担当してきた企業のなかで、これらの3つを完全に行っているところはほとんど存在しませんでした。

採用・雇用のミスマッチもIPO時に起こりがち

ほかにもIPO時に特に注意を払っておきたい問題としては、採用・雇用のミスマッチとそれに伴い発生する解雇トラブルが挙げられます。例えばIPO担当の総務部長として採用したものの、それに見合うだけの能力がなかったので辞めさせたいというケースです。

もちろん採用・雇用のミスマッチはIPO時だけではなく、社員を雇っている限り常に起こり得る問題ですが、ＩＰＯの準備のために採用される人材はともすれば自己の能力や経験値を過大にアピールすることがありますので、これは頼もしいと雇う側の期待は通常の場合以上に高くなります。そのため、いざ使えないことが分かったときの落胆も大きくなりがちです。

また、重要な人材だけにその採用にも細心の注意を払う必要があります。ＩＰＯ関係者などによって紹介されることが少なくありませんが、彼らもほとんどの場合、紹介者とはいっても、自分が紹介した人材の能力等を正しく把握したケースばかりではありません。実際のところ経歴書などに、◯◯会社で上場させた、△△会社で人事部長として上場に貢献したなどと書かれていても、鵜呑みにはできないことも多いです。上場経験があるといっても中心的に関わったわけではなく、上場時の管理部門の一員としてほんの少し上場事務に携わっていただけ、というケースもあるからです。

雇用契約を解消する方法は4つある

ＩＰＯ時に起こりがちなこうした採用、雇用のミスマッチを解決するためには、最終的には辞めてもらうことになることが少なくありません。つまり雇用契約を解消します。そもそも雇用契約の解消には、よくいわれる、「会社都合」「自己都合」等の法的区分はありません。これらの区分は、失業保険を受給するとき、もしくは企業の退職金規程で見られますが、雇用契約の解消は、法的な観点から、次の４つに区分できます。①辞職、②解雇、③合意解約、④当然退職です。

①辞職は、退職届の提出など社員側からの一方的な意思表示によって行われます。②解雇は、解雇通告など会社側からの一方的な意思表示によってなされます。③合意解約は両当事者の合意に基づいて雇用契約を解消するものです。社員側からの申し込み（退職願など）を会社が承諾する場合と、退職勧奨・希望退職の募集など会社側からの申し込みを社員が承諾する場合があります。④当然退職は、就業規則に定められる一定条件

の成就により雇用契約が解消される場合です。具体的には定年、死亡、休職期間満了等があります。

このうち②解雇に関しては労働契約法16条によって規制が行われています。同条は「解雇は、客観的に合理的な理由を欠き、社会通念上相当であると認められない場合は、その権利を濫用したものとして、無効とする」と規定しています。つまり、解雇をするためには客観的合理性と社会的相当性が必要となるのです。そして実際に裁判となった場合、この2つの要件が是認されるハードルは、相当高いと見るべきです。

またいわゆる業績不振等による整理解雇は、会社が倒産の危機にあり、人を辞めさせなければ潰れてしまうような状況であれば簡単にできると思われがちですが、決してそうではありません。

整理解雇については過去の判例法理により「整理解雇の4要件」を満たすことが必要とされる、という見方が大勢です。すなわち、①解雇の必要性の証明、②解雇回避のための努力、③合理的な解雇対象者の選定、④社員に対する誠意ある事前説明と協議を行わなければなりません。そしてこの4つの条件をクリアすることは容易ではありません。

ＩＰＯでは退職勧奨を行うこともある

解雇はどのような形であれ実行するための要件が厳しく、適法性を確保してこれを行うのはかなり難しいです。無理に行ってしまえば、訴訟を起こされるリスクを抱えるため、極力避けるべきだと思います。

そこで社員を辞めさせたい場合、まずは希望退職や退職勧奨によって合意解約に導くことを検討することになります。そして希望退職は不特定多数の社員を対象とするもののため、ＩＰＯのために雇ったＣＦＯ等を辞めさせる場合にはピンポイントの解約となるので、結局退職勧奨を行うことになります。

では退職勧奨はどのように行うべきなのかというと、結論からいえば、誠意をもって説得するしかありません。双方にとってより良い結果をもたらすため、と言葉を尽くして雇用契約の解消をお願いするのです。経験上、退職勧奨のコツがあるとすれば、それは誠意であるように思います。

第6章

労務のコンプライアンスは“足かせ”ではなく企業成長の“武器”
管理体制の改善がIPOを最短距離で成功させる

労務のコンプライアンスを足かせと考えるのではなく、武器にする

製造部門、営業部門などが、直接利益を生み出すプロフィットセンターと呼ばれるのに対して、人事・労務などのバックオフィス業務は、費用だけがかかるという意味でコストセンターと呼ばれることがあります。

ＩＰＯのための労務管理についても「なるべく手間も費用もかけず、最小限の管理で済ませたい」と、経営者は考えがちです。いくら労務管理を強化しても、それは直接的には売上を伸ばすことに貢献せず、むしろ売上成長を阻害する足かせになりかねないというのがこれまでの常識だったからです。

そのためＩＰＯを目指して労務体制の整備をしなければならないとしても、それは上場審査のために仕方なくやるものであり、できれば最小限で済ませておきたいという意識をどうしてももたれます。実際、ＩＰＯ審査のための労務管理体制という観点から見ても、過剰な対応を取ることは、企業の成長を阻害し逆効果となりかねません。

そもそも企業経営にとって、ＩＰＯは決してゴールではありません。調達した資金や社会的信用力を活用して事業を飛躍的に発展させるために、より高く広いフィールドのスタート地点に立つのがＩＰＯです。そのためＩＰＯのための労務管理とは、単に上場審査に通ればよしとするだけのその場しのぎの対応策であってはなりません。上場後の事業成長を見据えて、その基盤となるような管理体制をつくるべきです。ただし現実的には、期限が定められた審査というハードルを乗り越えなければ上場はできないのです。

したがって審査をパスするために何をすべきかという視点は重要であり、それが最優先される場面も実際にはあります。しかし、どうせ体制を整えるのであれば上場審査をきっかけに会社の基盤強化という長期的な視座をもち、持続的な成長を可能にする労務管理体制の見直し、再構築をしたほうがよいことは言うまでもありません。時代の変化に応じた労務管理体制を築くことで、労務管理を足かせではなく、成長の武器にできる可能性もあるのです。

では労務管理を考えるうえで、まず人事・労務領域における環境変化を３つの観点から概括します。

（1）働き手の減少

人事・労務領域における環境変化の1つ目は、働き手の減少推移です。わが国において、仕事を担う年代である15歳から64歳までの人口＝「生産年齢人口」のピークは、今から30年近く前の1995年です。その年には、約8716万人だった生産年齢人口は、翌1996年から一貫して減少を続けており、2021年には7450万人と約1200万人も減少しています。

ただし、一方では、以前は就業率（労働参加率）が低かった女性や65歳以上の高齢者の就業率が上昇しており、これが生産年齢人口の減少をある程度は補ってきたのです。つまり、1200万人の働き手がそのまま減ったわけではありません。しかし、女性や高齢者の就業率の上昇も、2019年ごろから頭打ちになっており、今後大幅に上昇することは難しそうです。

就業率の上昇が頭打ちのなかで、生産年齢人口は2040年には5978万人、

2060年には4793万人と、大幅に減少するものと見込まれています。働き手不足の本格化は、これからスタートするのです。

▼生産年齢人口の推移

さらに、2022年の出生数は、統計を取り始めた1899年以降、初めて80万人を割り、過去最少の79万9728人でした（速報値）。コロナ禍の影響もあると推測されますが、足元での出生率減少は従来予想されていたよりも加速しているので、先に記載した生産年齢人口の予測数値でさえ、楽観的な予測になるかもしれません。

現政府も「異次元の少子化対策」と銘打ち、さまざまな対策を講じようとしています。しかし、仮にその効果が表れて、少しずつ出生率が向上していったとしても、実際に生産年齢人口が増え始めるのは20年も先の話です。つまり、これから先20年ほどの間、現在よりも人手不足が加速するのは、確定事項なのです。

このような環境の変化を、企業の人事・労務政策という視点から見れば、採用市場において超売り手市場がこれから先ずっと続くということにほかなりません。経営に関与

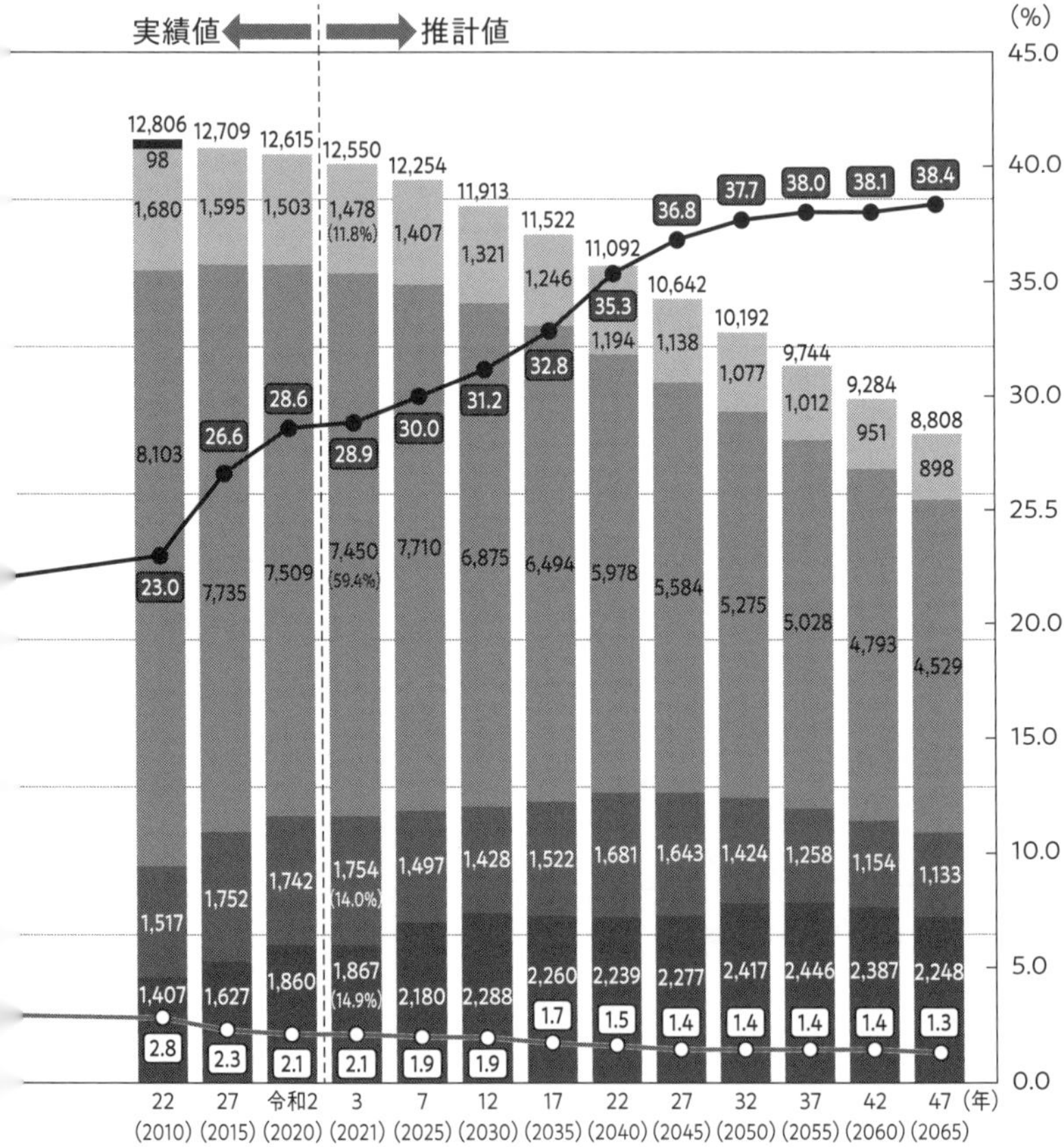
実績値
推計値
(%)
45.0
40.0
35.0
30.0
25.5
20.0
15.0
10.0
5.0
0.0
12,806
98
1,680
8,103
1,517
1,407
2.8
23.0
12,709
1,595
7,735
1,752
1,627
2.3
26.6
12,615
1,503
7,509
1,742
1,860
2.1
28.6
12,550
1,478
(11.8%)
7,450
(59.4%)
1,754
(14.0%)
1,867
(14.9%)
2.1
28.9
12,254
1,407
7,710
1,497
2,180
1.9
30.0
11,913
1,321
6,875
1,428
2,288
1.9
31.2
11,522
1,246
6,494
1,522
2,260
1.7
32.8
11,092
1,194
5,978
1,681
2,239
1.5
35.3
10,642
1,138
5,584
1,643
2,277
1.4
36.8
10,192
1,077
5,275
1,424
2,417
1.4
37.7
9,744
1,012
5,028
1,258
2,446
1.4
38.0
9,284
951
4,793
1,154
2,387
1.4
38.1
8,808
898
4,529
1,133
2,248
1.3
38.4
22 (2010)
27 (2015)
令和2 (2020)
3 (2021)
7 (2025)
12 (2030)
17 (2035)
22 (2040)
27 (2045)
32 (2050)
37 (2055)
42 (2060)
47 (2065)
(年)

［図表13］高齢化の推移と将来設計

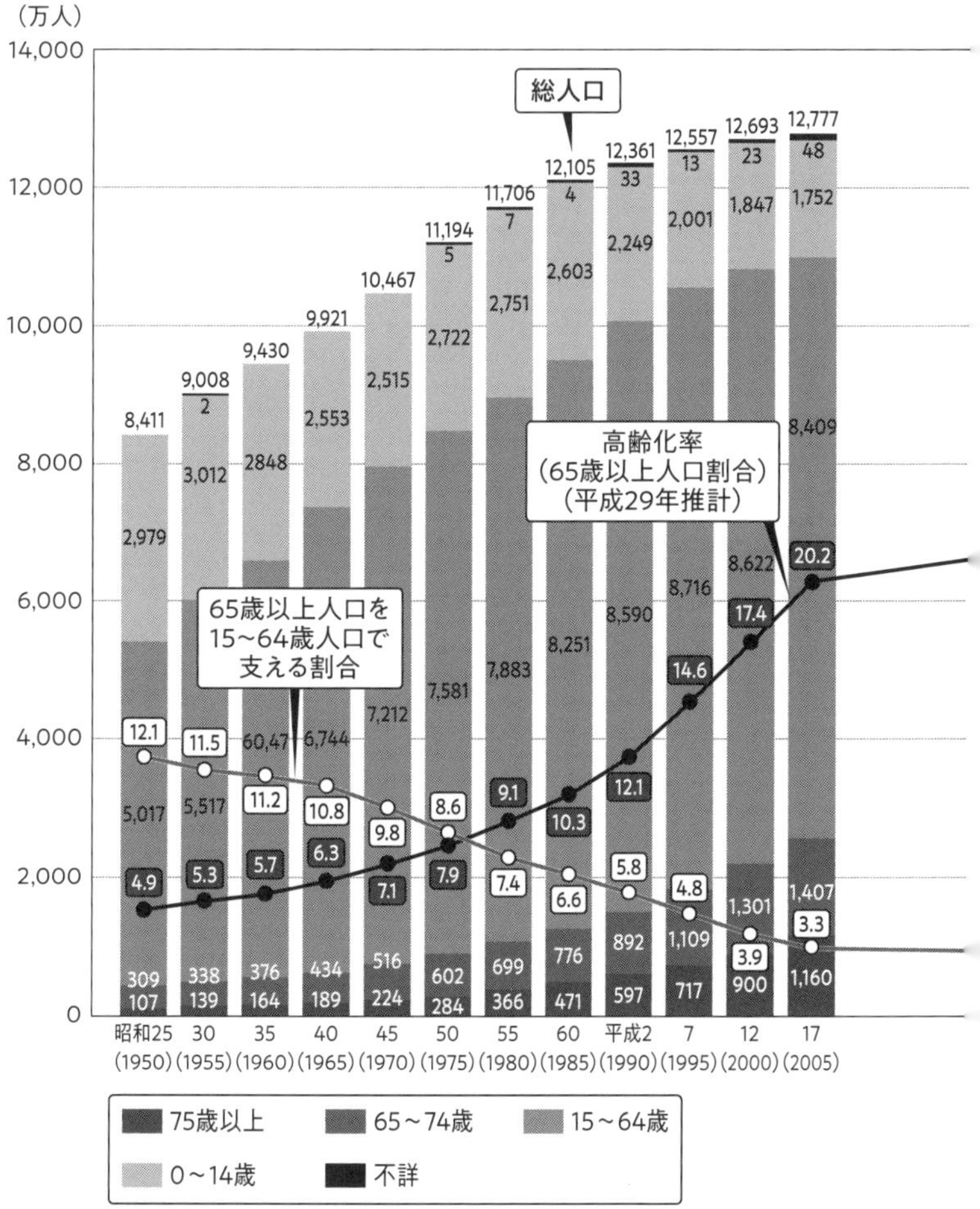

出典：内閣府「令和4年版高齢社会白書」

するような中核的人材も、中間管理職となるマネジメント人材も、現場を担う若手人材も、果てはアルバイトやパートの人材も、すべての人材が足りず、企業間での奪い合いとなる状況はすでに一部の業界では現出していますが、いずれそれが全産業に波及していくはずです。企業が人を選ぶ時代から、求職者に選んでもらわなければならない時代が、今後20年以上続いていくのです。

（2）働き手の意識変化

働き手の減少という量的な変化だけではなく、働く人の労働に対する意識という、質的な面での変化も進んでいます。

かつて、日本型雇用制度といわれていた年功序列・終身雇用は、維持が困難だとして破棄されることが増え、日本を代表するような大手企業の何社もが、45歳以上の中高年社員をリストラしたことは話題になりました。

２０１９年にはトヨタ自動車の豊田章男社長（当時）、元経団連会長で日立製作所社長だった故・中西宏明氏など財界要人から、終身雇用の維持が難しくなっているという発言もなされています。

社会的には先に見た働き手不足を補うため、また個々人にとっては年金だけでは困難になりつつある老後生活資金を得るため、就業する高齢者は増えています。企業に対しては、高年齢者雇用安定法により65歳までの雇用確保が義務化（2025年4月から）され、70歳までの就業機会の確保も努力義務とされています。

一方では終身雇用が崩壊しながら、もう一方では65歳を超えて70～75歳までと働く期間が長期化するということは、雇用やキャリアがかつてのように硬直的だった時代から、流動的になっていることを意味しています。

そこから昨今、話題になることが多いプロティアン・キャリアという考え方も生まれています。プロティアン・キャリアとは、自己実現や幸福追求のために、環境の変化に応じて柔軟に自分を変化させながら成長をしていくというキャリア形成の考え方です。

1つの会社に長く勤めるのではなく、自分の成長のために最初から転職を予定して就職したり、何度でもキャリアチェンジを図ったりすることは、特に若年世代においては当たり前の考え方になっています。

そこからさらに一歩進んで、労働時間や給与といった定量的な要素ではなく、業務の大変さ、面白さといった内容でもなく、自分が成長できるかどうかによって、会社や職場に対する評価をするという考え方も若年世代には浸透しています。

最近流行している言葉に「ゆるブラック」というものがあります。仕事が楽で、給料はきちんと支払われるゆるい職場であっても、自分が成長できないのであればブラックだとされ、忌避されるのが最近の傾向なのです。そのような若年層においては、会社が自らを成長させてくれる場やプランをしっかり用意してくれることが最も重視されます。それを無視した人事・労務管理は成立しなくなってきました。

(3) 社会全体での働き方に対する意識変化

若年世代において自己が成長できる働き方が求められているとはいっても、それはかつてよく見られたように、がむしゃらな長時間労働により大量の経験を積むことが求められているわけではありません。

かねてより、国際的に見ても日本の職場での労働時間は長く、それが働く人の心身の健康を蝕み、最悪の場合、過労死、過労自殺などに結びついていることは指摘されてきました。その象徴的な事件となったのが、2015年に、大手広告代理店・電通で入社2年目の若い社員が自殺し、労基署が、長時間の過重労働が自殺の原因だとして労災を認定した件です。この事件は、社会に大きな衝撃を与えました。

その事件も契機として、政府主導による働き方改革が推進され、2019年4月には、時間外労働の上限規制を設ける働き方改革関連法の一部が施行されています。従来は告示により制限してきた時間外労働の上限時間が、労基法の条文として、月45時間、年360時間までと明記されたのです（臨時的な特別な事情があって労使が合意する場合には例外あり）。実際、総労働時間、所定外労働時間ともに、減少は進んでいます。ただし、2020年以後は、コロナ禍による影響も大きいと思われるため、この傾向が定着するのかどうかは、少しあとにならないと分からないことでもあります。

あわせて現代社会においては、長時間労働を無理強いさせられるといったことがあると、その情報はあっという間にSNSなどを通じて拡散されるようになっています。いうまでもなく、それは企業に対する悪い評判として定着します。この点も人事・労務を巡る環境変化の1つだといえます。

労務は働き手不足時代の武器になる

全般的に働き手が減少していくなかで企業が優れた人材を採用し、なるべく長く定着してもらうためには、まず他社と比較されても不満が起こらないような衛生要因としての労務管理体制を整え、さらに動機づけ要因としての成長機会を整えるという考え方がますます重要になります。衛生要因、動機づけ要因は、モチベーション理論の古典として有名なハーズバーグの二要因論によります。

例えば残業代について、法律上は1分でも働いたら1分単位で賃金を支払うことが原則です。しかし、10分とか15分単位で丸めて、端数を切り捨てて集計している企業はよくあります。中小企業であれば、事務的効率の面からもそのようなやり方をしている企業のほうがおそらく多数派です。

あるいは、職場での制服の着脱が必要な会社において、出勤後の着替え時間を労働時間に含めないといった扱いにしている企業もあります。これも本来であれば労働時間に含まれ、賃金支払いの対象にしなければなりません。

そこで、例えばうちの会社は10分単位で切り上げて、給与を計算して支給する、始業前、終業後の着替え時間もそれが業務上必要な行為であればきちんと労働時間に含める、といったことを積極的にアピールすれば、人材の採用や定着に多少なりとも有利に働きます。ほかの条件が同じであれば、そのようなアピールをしている企業のほうが魅力的に感じられるためです。

また、固定残業代制を廃止するか、存続させるにしても固定部分は少なくするといったことも有効だと思います。働く人から見て固定残業代という制度になっていること自体が、長時間残業のあるブラック企業ではないかと予見されるようになり、忌避される傾向があるのです。

給与や残業代の面だけではなく、パワハラ、セクハラなどのハラスメントが生じないような対策を講じている、有給休暇や育児休業がなんの気兼ねもなく取得できるといった、働きやすさの面での労務管理もしっかりと実施します。そのうえで、これらの点が求職者にしっかり伝わるようにアピールすれば、働き手不足の時代の採用市場でアドバンテージにもなります。

人的資本の活用へ

労務管理体制を大きく刷新しようと思えば、業務プロセスなどを見直さざるを得なくなり、それが結果として業務効率改善、生産性向上、ひいては利益上昇につながることもあります。

例えば残業時間が多いことは人材採用市場において、一般的には不利な要素でしかありません。残業時間を半分に減らすとか、ゼロにしようなどと思えば業務プロセス自体を根本的に見直す必要があります。

例えば店舗に配膳ロボットを導入したり、事務現場にＲＰＡなどのツールを導入したりすることで人間が行う作業を大幅に削減する、あるいは客先への訪問による営業をしていたのを、すべてオンラインによるリモートにすることで移動時間をゼロにする、といったことです。

有給休暇や育児休業などについては、その人がいなければ分からない、進まない仕事があるという属人的な業務管理が行われていると、その取得が阻まれます。情報共有、業務遂行における属人的なプロセスをなるべく排除するような業務改善を行えば、社員はいつでも休暇の取得が可能になります。また、なんらかの事情で社員が辞めてしまった場合でも、それによる業務の停滞を防げることになります。

いずれも単純な例ですが、このような省力化や省人化、属人性の排除などは、単に労務管理体制の向上につながるばかりではなく、生産性の向上による利益率の上昇をもたらす可能性もあります。

このようにＩＰＯで求められる労務管理体制を構築することは法を遵守し、働く人が無理なく安心して、しかも自分の力を発揮しながら働けるような職場環境を整えることにほかなりません。

それは労務という分野での独立した項目ではなく、生産、営業などの機能の各プロセスと関連づけられた内部統制全体のなかに位置づけられながら、見直し・再構築が図られるべきものです。そしてその検討や見直しの方向性を、一言でまとめるなら、人的資本の活用ということに尽きます。

企業において人材を消費すればなくなる資源としてではなく、活用することにより増大していく資本としてとらえることが、少子化を避けられないわが国の経済・産業界においてて不可欠となります。政府・財界も、人的資本の活用、開示に向けた後押しを進めています。正しい労務管理体制の整備、実施を行い、人的資本活用の基盤となるという意識をもって、その整備を進めていくことが大切です。

おわりに

私は、一流の学校を卒業して一流の会社に就職する、いわゆるエリートコースを歩んできた人間ではありません。社労士事務所での勤務経験や特別な人脈もなかったため、社労士として独立開業したあとも最初はなかなか業務のご依頼を得ることもできませんでした。

だからこそ、依頼された一つひとつの業務について、たとえどんな小さな業務でも全力で取り組み、過剰とも思われるほどのサービスを心掛け、必ず期待された以上の成果を出そうと決意して、実際にそうしてきました。

社労士になって以後、多くの優れた経営者の方々との出会いに恵まれ、その労務の支援をさせていただき、結果として多くの企業のＩＰＯに関わらせていただいたことは、大きな幸運があったためだと感じています。

士業者は結果のみで評価されるべきだというのが私の信念です。例えば上場審査の労務であるなら、支援をした企業がその審査に通ること、これがすべてだということです。

中小企業経営者の多くは、裸一貫から起業して、自分の人生のすべてを注ぎ、寝る間も惜しんで猛烈に働きながら会社を成長させてきました。会社の財務がピンチであれば私財を投じますし、万一経営破綻をすればほとんどを失います。普通の会社員にはあり得ないようなリスクを負って、チャレンジしてきているのです。

だからこそ、石にかじりついても絶対に成功させるという決意で、日々の業務に取り組んでいるはずです。少なくとも私が会ってきた、IPOを目指すレベルの経営者の方々は、間違いなくそうでした。

私はそういう経営者の皆さんの生き方や、仕事に対する姿勢に非常に共感を覚えますし、ぜひ社労士としてその成功のお手伝いをしたいと思っているのです。

IPOを通じて上場企業となることは、良いことばかりではありません。上場審査では経営者の立場からは理不尽とも思えるような要求を呑み込まなければならない場面もあると聞きますし、また上場後も株式市場からの要求に応え続ける苦労が続きます。そうであっても、停滞や衰退といった言葉で語られることが多くなったわが国において、IPOの実現は数少ない大きな夢であることは間違いありません。上場企業となることでしか得られない事業のフィールドやステータスがあり、それは非上場企業とはまったく異なるステージの世界です。

意欲のある経営者の皆さんが、そのステージに上るために、本書が少しでも役に立てることを願っています。

【著者プロフィール】

葉山 憲夫（はやま のりお）

社会保険労務士法人葉山事務所代表

1959年生まれ、愛知県出身。1994年に開業、葉山社会保険労務士事務所（現 社会保険労務士法人葉山事務所）を設立。顧問先ゼロからスタートし、現在では、東証上場企業からスタートアップ企業に到るまで、数百社の顧問先を有する事務所に成長させている。企業の成長に寄り添いながら整えていく労務管理やさまざまな労働問題・労務課題を解決してきた実績から、口コミや紹介を中心に現在も顧問先が増加している。専門領域の一つに、IPOにおける労務管理がある。顧問先のIPO19社、社外取締役・社外監査役としてのIPO3社と数多くの実績を積み重ねている。

本書についての
ご意見・ご感想はコチラ

IPOを本気で目指す企業のための
労務管理

2023年8月24日　第1刷発行

著　者　　葉山憲夫
発行人　　久保田貴幸

発行元　　株式会社 幻冬舎メディアコンサルティング
〒151-0051　東京都渋谷区千駄ヶ谷4-9-7
電話　03-5411-6440（編集）

発売元　　株式会社 幻冬舎
〒151-0051　東京都渋谷区千駄ヶ谷4-9-7
電話　03-5411-6222（営業）

印刷・製本　中央精版印刷株式会社
装　丁　　秋庭祐貴

検印廃止

ISBN 978-4-344-94713-9 C0034
幻冬舎メディアコンサルティングＨＰ
https://www.gentosha-mc.com/